LA CHRONOBIOLOGIE CHINOISE

« Espaces libres »

GABRIEL FAUBERT

Docteur en acupuncture de l'École et de l'Hôpital de Taipei-Taiwan
Diplômé de l'Institut d'acupuncture chinoise de Hong Kong

PIERRE CRÉPON

LA CHRONOBIOLOGIE CHINOISE

Albin Michel

Albin Michel
▪ *Spiritualités* ▪

Collections dirigées
par Jean Mouttapa et Marc de Smedt

ISBN 2-226-07617-4
ISSN 1147-3762

Sommaire

PREMIÈRE PARTIE

Les manifestations de l'énergie

L'homme est un avec le ciel et la terre, avec tous les êtres de tous les temps, car la loi de l'univers est unique, opérant dans tous les êtres et les caractérisant suivant son degré de développement.

CHAO YONG

La vision chinoise de l'homme et de l'univers pour être comprise, demande que l'Occidental s'initie à un certain nombre de grands principes qui fondent tout le système de représentation du monde en Extrême-Orient. Sans ces principes, il s'avère en effet impossible de saisir les lois qui sous-tendent la médecine chinoise et donc, *a fortiori*, d'en appliquer les règles élémentaires.

Certes, une bonne compréhension de ces notions appelle au début un certain effort intellectuel. Néanmoins, ce léger effort est nécessaire afin de ne pas tomber dans le travers courant qui consiste à vouloir faire coïncider à toutes fins les théories chinoises avec nos grilles occidentales : c'est ainsi, par exemple, que le Tchi est traduit sans plus de commentaire par énergie, que Yin et Yang sont simplement assimilés à des principes absolus négatifs et positifs et que la loi des cinq éléments évoque un univers figuré.

Cette simplification abusive se trouve habituellement associée à une schématisation du système énergétique de l'être humain et à une fastidieuse description des points des méridiens d'acupuncture qui ne peuvent véritablement servir qu'à des praticiens en acupuncture. De tout cela le lecteur ne garde que quelques images stéréotypées qui lui donnent une idée de la médecine chinoise fort éloignée de la réalité.

En fait, l'originalité de la pensée chinoise, par rapport à la nôtre, réside dans sa vision de synthèse du cosmos. Elle ne cherche pas à opposer les différents éléments mais bien à les relier par de grandes lois de mutations qui expliquent les divers phénomènes comme autant de manifestations de la même unité sous-jacente. L'être humain, en particulier, ne vit pas séparé du reste de l'univers mais en harmonie avec lui. Du macrocosme au microcosme les mêmes lois régissent ainsi la vie et la mort et expriment le principe universel : le Tao.

I
Tchi : l'énergie

Tous les grands principes exposés dans cet ouvrage appartiennent au fonds commun de la pensée chinoise et ils sont utilisés aussi bien dans les domaines de la médecine que dans ceux de la philosophie, de la cosmologie, du rituel, etc. Dans chaque domaine, les théories originelles se sont enrichies au cours des siècles et il apparaît difficile de dresser un tableau complet des diverses spéculations qui ont été élaborées à leur sujet. Cependant, en ce qui concerne la notion de Tchi [1], il est nécessaire de déborder le cadre strictement médical pour saisir sa réelle portée, et d'évoquer la signification qu'elle a dans la cosmologie des philosophes taoïstes.

Les deux traductions françaises du même idéogramme Tchi, montrent ainsi qu'il recouvre une notion très large qu'il faut garder à l'esprit pour comprendre son utilisation en médecine. Les orientalistes (Maspero, Granet, Wieger), qui se réfèrent aux écrits cosmologiques et philosophiques, traduisent en effet Tchi par « souffle » alors que les acupuncteurs préfèrent utiliser le mot « énergie ». C'est ce dernier terme, énergie, que nous utiliserons plus loin mais en précisant tout d'abord ce qu'est le « souffle ».

1. L'idéogramme chinois est parfois transcrit par Chi et la traduction du japonais se fait généralement par Ki.

A l'origine

Les textes cosmologiques du taoïsme sont épars et donnent des récits de l'origine de l'univers légèrement différents. Malgré cette diversité, le Tchi primordial, c'est-à-dire le souffle primordial, apparaît toujours comme élément préexistant à la formation du ciel et de la terre. Ainsi le chapitre 42 du *Tao Te King* décrit la création du monde de cette façon :

> Le Tao donna naissance à Un
> Un donna naissance à Deux
> Deux donna naissance à Trois
> Trois donna naissance aux dix mille êtres.
> Les dix mille êtres portent le Yin sur leur dos et embrassent le Yang.

Dans ce verset, Tchi peut être identifié à deux niveaux. D'une part « Un » représente le chaos, c'est-à-dire le souffle primordial, l'unité première d'où procèdent le Yin et le Yang (Deux). D'autre part, pour reprendre un texte dit *Commentaire de Ho-chang-Kong :* « Le Yin et le Yang produisent les trois souffles-énergies : le pur, l'impur et le mélangé qui à leur tour, constituèrent respectivement le ciel, la terre et l'homme[1]. »

On le voit, ce court texte taoïste donne un sens bien plus large au Tchi que ne le fait la représentation habituelle d'une simple énergie circulant dans les méridiens à laquelle nous ont habitués des ouvrages

1. Voir Max KALTENMARK, « La Naissance du Monde en Chine », *La Naissance du monde*, Le Seuil, 1959, pp. 463-464.

succincts sur l'acupuncture. Du souffle primordial, qui préexistait à la création, à l'univers organisé, le Tchi emplit toute chose : « Ainsi pour les Anciens, l'enveloppe du ciel et de la terre, le ciel et la terre, l'intervalle ciel/terre et tous les êtres qui y ont une éphémère demeure, ne forment qu'un amas de souffles, sans intérieur, sans extérieur, sans limites, sinon précaires et relatives [1]. »

Les manifestations du Tchi

Le Tchi comporte divers degrés de manifestations qui constituent autant de phénomènes naturels car, comme le dit le *So Ouenn* [2] (chap. 66) : « Dans l'immensité de l'espace, il existe une énergie essentielle, primitive, qui donne naissance à tous les éléments et s'y intègre. » C'est ainsi que le Tchi donne naissance au ciel et à la terre : les souffles légers, plus Yang, s'élèvent et forment le ciel ; les souffles lourds, plus Yin, s'abaissent et forment la terre.

Entre le ciel et la terre se trouve l'homme. Il possède sa propre énergie, résultat de plusieurs composantes, et est soumis aux énergies célestes et terrestres. L'ensemble des interactions entre ces diverses énergies qui, par ailleurs, sont toutes soumises à des lois de mutations communes est l'objet de la médecine chinoise, étude de l'intégration de l'homme dans l'univers. Nous y reviendrons dans les prochains chapitres.

1. J. SCHATZ et autres, *Aperçus de médecine chinoise traditionnelle*, Maisonneuve, 1979, p. 47.
2. Le *So Ouenn* constitue, avec le *Ling Tchrou*, les deux livres du *Neï Ting*, l'ouvrage fondamental de la médecine chinoise.

Toutefois, il est un autre aspect qu'il importe de souligner car il donne la mesure de la distance entre les concepts orientaux et occidentaux; il s'agit de la relation entre énergie et matière. Pour l'Occident en effet, il ne fut question pendant longtemps que de matière. Quand le concept d'énergie apparaît, c'est tout d'abord pour évoquer une notion abstraite dont la physique mesure les effets sans arriver à définir véritablement le concept même. L'énergie se voit alors associée à l'une de ses manifestations : énergie thermique, hydraulique, mécanique, etc. Enfin, ce n'est qu'avec la recherche scientifique la plus moderne, théorie de la relativité, des quantas, mécanique ondulatoire, que l'on commence à établir un lien entre énergie et matière [1].

En Extrême-Orient, au contraire, où la pensée exprime avant tout une vision synthétique de l'univers, les notions de matière et d'énergie sont indissociables. En fait, la matière elle-même est énergie dans la mesure où le Tchi est présent dans toute chose. Ainsi le Tchi primordial se manifeste au ciel comme une substance abstraite alors que sur terre il se transforme en une substance concrète. La formation du monde vivant résulte de l'interaction de ces deux substances. La matière inerte n'est donc qu'une manifestation de l'énergie, comme l'énergie, fluide et invisible, en est une autre. En regard de ces degrés de manifestations, on dira que la matière est de l'énergie plus manifestée, ou plus différenciée (plus lourde, plus Yin) et l' « éner-

1. A ce sujet il faut noter que certains physiciens commencent à se tourner vers la tradition extrême-orientale où ils trouvent des concordances avec leurs propres recherches. Voir F. CAPRA, *Le Tao de la physique*.

gie » abstraite, de l'énergie moins manifestée ou moins différenciée (plus légère, plus Yang).

Les êtres vivants sont eux-mêmes une manifestation du Tchi où coexistent de l'énergie abstraite et de l'énergie-matière. Ils sont donc soumis aux grandes lois qui régissent l'énergie : « Quand un être prend forme, cela veut dire que l'énergie se transforme. Quand la vie matérielle disparaît, cela correspond à une mutation de l'énergie. » (*So Ouenn*, chap. 66.)

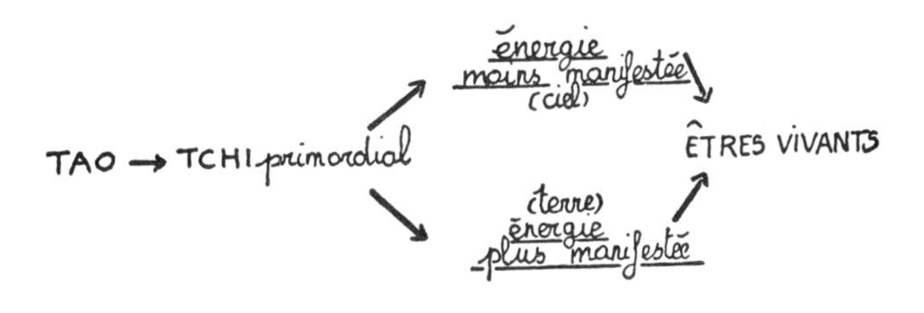

Figure 1

II
Le Yin et le Yang

La profonde unité qui imprègne l'univers procède de son origine commune : le Tchi primordial. Une telle unicité de la substance n'empêche pas la manifestation réelle d'une multiplicité de phénomènes. Entre le Un et le multiple règnent néanmoins de grandes lois de mutation qui ordonnent tout l'univers. La première de celles-ci est cette loi que les taoïstes reconnaissent comme le moteur fondamental des manifestations phénoménales : la loi du Yin/Yang. Ainsi, à l'unité du Tchi s'ajoute un autre principe, de nature contradictoire, qui devient la base de l'explication rationnelle du cosmos : « Un Yin, Un Yang, c'est le Tao » (*Yi King*).

Si l'on revient au verset cosmologique du *Tao Te King* cité au chapitre précédent, « le Tao donna naissance à Un, Un donna naissance à Deux », nous avons à partir d'une énergie première unique, une différenciation qui conduit à la distinction en deux énergies : Yin et Yang. Cette distinction est le pivot des transformations, la racine des différences, car Yin et Yang n'apparaissent pas comme deux aspects séparés mais au contraire comme deux termes à la fois opposés et complémentaires. Ils s'engendrent mutuellement et c'est pourquoi il y a toujours du Yin dans le Yang et du Yang dans le Yin.

Pour comprendre l'interdépendance de Yin et de

2. Symbole du yin/yang

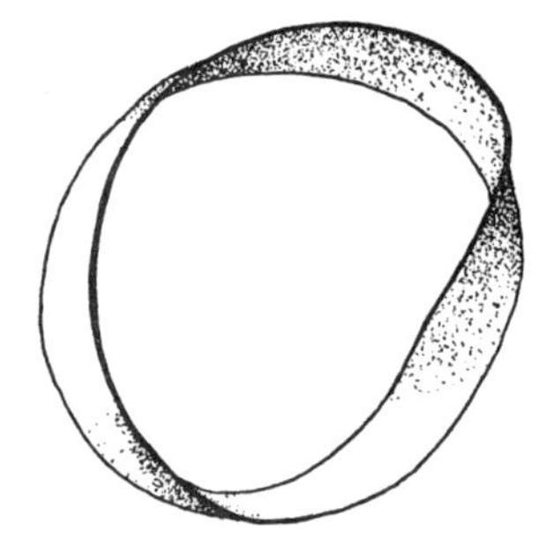

3. Roue de Lao Tseu

Yang, il faut se référer aux figures 2 et 3. La première (fig. 2) est bien connue : elle exprime l'interpénétration du Yin et Yang à l'intérieur du principe du Tao. Elle montre qu'à l'intérieur du Yang subsiste toujours du Yin et inversement, et évoque le fait que Yin et Yang sont toujours en mouvement.

La seconde (fig. 3) est moins utilisée pour représenter Yin Yang mais elle a l'avantage d'établir le caractère relatif de ces termes. La roue de Lao Tseu (ou ruban de Moebius), figurée sur ce schéma, ne comporte en effet qu'une face dont on peut suivre le cheminement infini. De la même façon, il n'existe pas de Yang absolu ni de Yin absolu. Par contre, à un niveau donné du ruban, on constate la présence de deux faces comme Yin et Yang sont présents dans chaque aspect de la vie phénoménale.

Opposition et complémentarité, relativité et mouvement sont les caractères fondamentaux du Yin/Yang qu'il ne faut jamais perdre de vue quand on aborde leurs aspects plus spécifiques. Ainsi quand on dit que Yang est le chaud et Yin le froid, ce sera toujours l'un par rapport à l'autre et non en terme d'absolu.

Ayant bien à l'esprit et l'opposition relative et la nature rythmique du Yin/Yang, il importe de donner quelques exemples du caractère binaire des phénomènes. On connaît certains couples de termes dont on se sert couramment pour les illustrer : la nuit, le froid, le féminin, le mouillé, la terre appartiennent à Yin par rapport au jour, au chaud, au masculin, au sec, au ciel qui appartiennent à Yang. On ne cherchera pas ici à étendre indéfiniment une telle liste que l'on retrouve dans de nombreux ouvrages sinon pour insister sur le caractère de repos qui s'attache au Yin par rapport au caractère de dynamisme qui s'attache au Yang. Par contre, il est intéressant d'appliquer la bipolarité du Yin/Yang à la manifestation de l'énergie depuis le Tchi primordial jusqu'à l'homme.

A l'origine, Tchi se manifeste en énergies Yang du ciel et énergies Yin de la terre. Les caractéristiques des premières sont subtilité, légèreté, moins manifestées. Celles des secondes sont grossièreté, lourdeur, plus manifestées. Les énergies Yang donnent les énergies invisibles qui animent. Les énergies Yin donnent la matière.

Chez l'être humain la même distinction entre énergie invisible Yang et matière Yin s'opère. Pour plus de commodité il est convenu d'appeler l'énergie moins manifestée Yang : *énergie* et l'énergie plus manifestée Yin : *sang*. Cette distinction est d'importance car nous verrons que la bonne proportion du sang et de l'énergie à l'intérieur du corps humain en général et de chaque organe en particulier, doit être respectée.

D'autre part, puisque Yin et Yang s'engendrent mutuellement, on arrive à des sous-classifications qui marquent le passage de l'un à l'autre. Un bon exemple de cette sous-classification réside dans la répartition du Yin/Yang sur le corps humain.

En effet le haut et la gauche sont Yang par rapport au bas et à la droite qui sont Yin. On arrive donc à une classification Yin/Yang de chaque partie, qui s'exprime par : Yang de Yang, Yin de Yang, Yin de Yin, Yang de Yin.

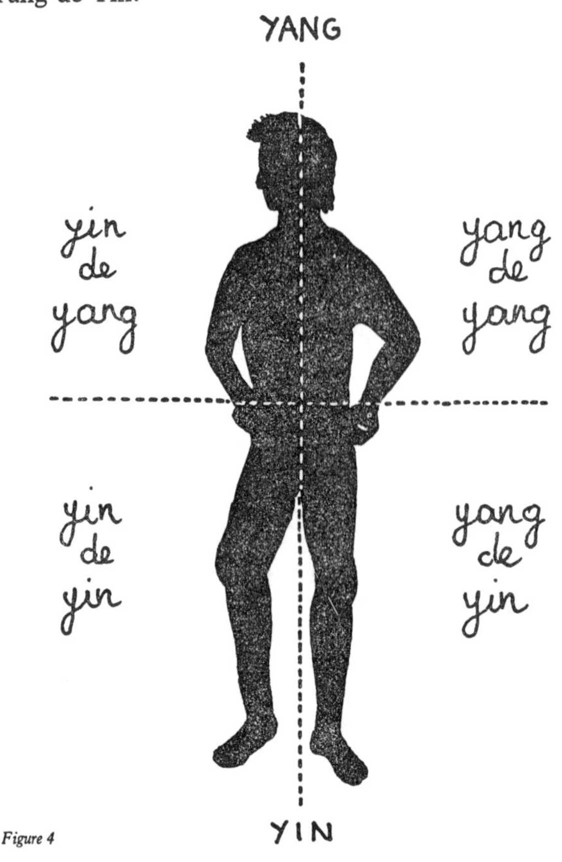

Figure 4

Cette sous-classification peut s'opérer aussi à l'intérieur du rapport énergie/sang, et de tout rapport Yin/Yang, donnant de nouvelles divisions qui pourraient se répéter indéfiniment.

		Yang du Yang de Yang
		Yin du Yang de Yang
	Yang de Yang	Yang du Yin de Yang
YANG	Yin de Yang	Yin du Yin de Yang
YIN	Yang de Yin	Yang du Yang de Yin
	Yin de Yin	Yin du Yang de Yin
		Yang du Yin de Yang
		Yin du Yin de Yin

Enfin la capacité de mutation du Yin/Yang trouve sa meilleure illustration dans le déroulement des saisons, ce qui nous permet ainsi de saisir exactement le caractère de mouvement perpétuel qui préside à son existence.

Sur la figure 5, l'été, associé au maximum de chaleur, correspond à la plénitude du Yang. Dans cette plénitude le Yin, qui n'a cessé de décroître auparavant et a atteint son point le plus bas, va commencer à resurgir tandis que le Yang commence à décroître. A partir de l'équinoxe d'automne, il y aura plus de Yin que de Yang et le solstice d'hiver sera l'apogée du Yin. Le mouvement inverse du Yin/Yang marque la période allant de l'hiver au printemps. Le printemps est le jeune Yang qui se dégage du Yin pour faire monter la sève de la végétation ainsi que le sang de l'homme et de l'animal. La durée du jour est égale à celle de la nuit à l'équinoxe.

L'été est le vieux Yang, les graines et les fruits des arbres mûrissent. Le jour est plus long que la nuit. La chaleur l'emporte sur le froid. Le solstice d'été marque le jour le plus long.

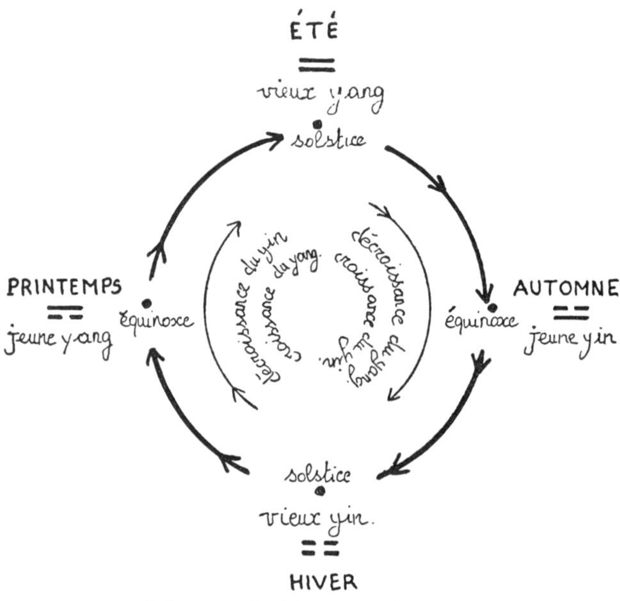

5. La mutation du yin/yang pendant les saisons

L'automne est le jeune Yin, c'est le déclin de l'énergie Yang. Cette phase est nécessaire car elle a pour but de protéger l'organisme végétal des rigueurs de l'hiver, phase de dormance du cycle de développement de la plante. Quelques jours de temps tiède et humide suffiraient pour déclencher en plein hiver la germination de la semence ou l'éclosion des bourgeons, ce qui amènerait la destruction de la plante dès la prochaine baisse de température.

La mise au ralenti du métabolisme végétal durant l'automne et l'hiver entrave leur éclosion qui n'a lieu qu'au printemps suivant lorsque le végétal retrouve son activité vitale, c'est-à-dire lorsque l'énergie Yang se dégage du Yin.

L'hiver est le vieux Yin, les nuits sont plus longues car Yang est enfoui et n'a plus de puissance. La chaleur a disparu. Au solstice d'hiver correspond la nuit la plus longue.

Les symboles des différents stades de Yang et de Yin se tracent à l'aide d'un trait continu —— pour Yang et d'un trait discontinu — — pour Yin :

⚌ vieux Yang ⚎ jeune Yang

⚏ vieux Yin ⚍ jeune Yin

C'est à l'aide de combinaisons de traits semblables que sont représentés les hexagrammes du *Yi-King*.

Remarquons par ailleurs qu'un schéma semblable à celui des saisons et représentant les cycles opposés et complémentaires du Yin/Yang s'inscrit à l'intérieur de chaque journée (fig. 6). L'intégration des deux cycles fait ressortir le maximum de Yang à midi du solstice d'été et le maximum de Yin à minuit du solstice d'hiver.

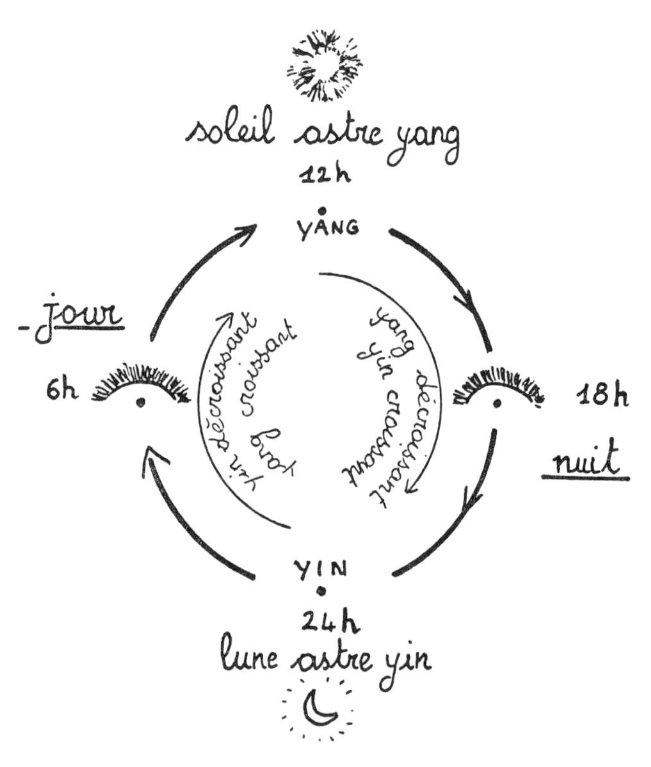

6. Les mutations du yin/yang pendant la journée

III
Les cinq éléments

La doctrine des cinq éléments est d'une importance égale à celle du Yin/Yang pour comprendre les mécanismes de la médecine chinoise. Dans les ouvrages en langue occidentale, elle se trouve traditionnellement exposée sous ce nom de théorie des cinq éléments mais il serait plus juste de choisir la dénomination de cinq mouvements afin de bien souligner qu'il ne s'agit pas d'une conception d'un univers statique. Il s'agit au contraire d'une loi de mutation qui cherche à rendre compte de l'interaction des divers éléments en perpétuel mouvement. D'ailleurs les caractères chinois Wou Hing, qui désignent cette théorie, signifient Wou : cinq et Hing : marcher, agir, avancer alternativement les deux pieds, c'est-à-dire cinq mouvements non pas cinq éléments.

Yin/Yang et cinq mouvements

Il serait superflu de chercher ici à retracer une genèse à la théorie des cinq éléments dont l'origine remonte à plusieurs millénaires. Il est intéressant par contre d'évoquer comment on peut passer d'une division fondée sur quatre chiffres, qui découle directement du système binaire Yin/Yang, à une répartition en cinq termes. Les figures 5 et 6 reproduites plus haut nous fournissent pour cela une excellente introduction. En se fondant sur le cycle du Yin/Yang, on arrive en effet à une répartition en quatre points — Yang suprême, jeune Yang, Yin suprême, jeune Yin — à laquelle on peut déjà associer plusieurs caractéristiques.

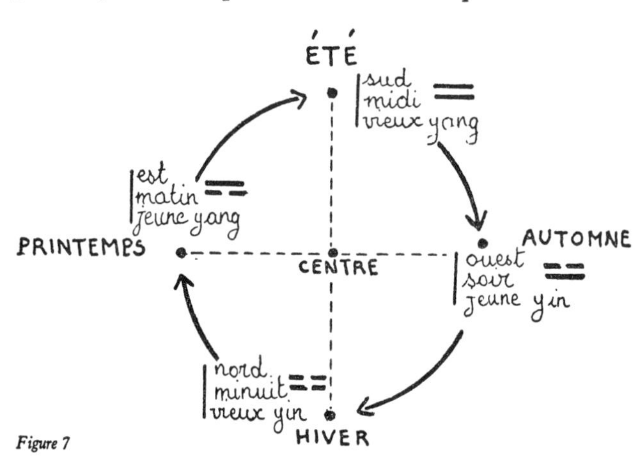

Figure 7

L'originalité de la pensée chinoise est d'introduire dans cette répartition en quatre classes, le point du centre pour parvenir à une répartition en cinq classes. Chacune de ces classes se trouve alors définie par un terme générique, Bois, Feu, Terre, Métal, Eau (les cinq éléments qui ont donné leur nom à la traduction de Wou Hing en langue européenne) et soumise à des lois cycliques qui déterminent les interactions entre les différentes classes.

Si l'on reprend les caractéristiques évoquées à la figure 7 à propos des mutations du Yin/Yang, on arrive à la classification suivante de quatre des éléments :

Bois = printemps – est
Feu = été – sud
Métal = automne – ouest
Eau = hiver – nord

Le problème se pose pour insérer l'élément Terre dans cette succession. En fait on associe la Terre d'une part, au centre qui, pour les Chinois, est une direction qui oriente l'espace au même titre que les autres points cardinaux et d'autre part, à une cinquième saison. La liste précédente se complète donc par :

Terre = cinquième saison – centre

Le premier schéma logique de la disposition des cinq mouvements est alors la figure 8.

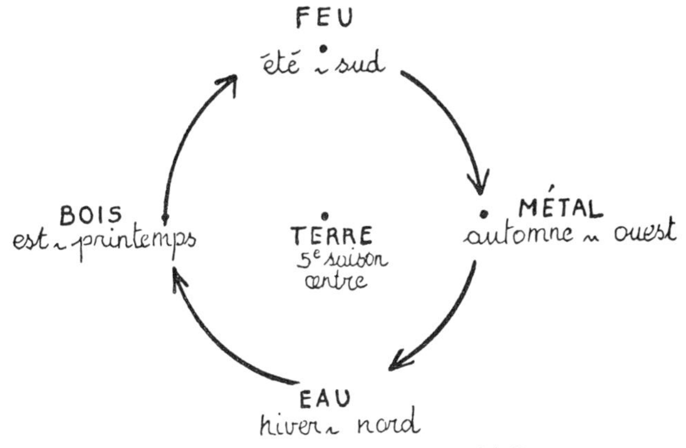

8. Les cinq éléments dans leur position originelle

On est, bien sûr, amené à préciser ce que recouvre le terme de cinquième saison. Tout d'abord, il faut savoir que les quatre saisons chinoises ne correspondent pas exactement à nos saisons officielles. L'équinoxe et le solstice qui marquent le début des saisons dans notre système sont ici situés environ au milieu des saisons. On peut donner approximativement les dates suivantes comme début des quatre saisons :

Printemps : 4 février.
Été : 4 mai.
Automne : 4 août.
Hiver : 4 novembre.

En fait, les dates varient selon les années. Le début du printemps commence avec la fête du Nouvel An chinois qui est fixée au lendemain de la nouvelle lune la plus proche du 4 février.

Notons que cette datation modifie sensiblement l'appréciation des saisons. Je rédige, par exemple, ce texte le 22 février, époque qui est considérée en Occident comme le plein hiver, alors qu'il s'agit du printemps selon le système chinois. Il faut tenir compte de cette différence pour utiliser les lois rythmiques de la médecine chinoise.

La cinquième saison s'intercale entre deux des autres saisons. Il s'agit d'une période de dix-huit jours qui se situe à la fin des saisons réduisant celles-ci à des périodes de soixante-treize jours. Par rapport à la loi de mutation de la figure 8, nous sommes donc amenés à la modification visible dans la figure 9 :

En terme de mutation énergétique, on peut considérer qu'il y a retour et redistribution d'énergie par l'élément Terre à la fin de chaque saison. Cela est d'importance car, comme nous le verrons plus loin, chaque élément est associé à un organe du corps humain. Dans le cas de l'élément Terre, il s'agit de la

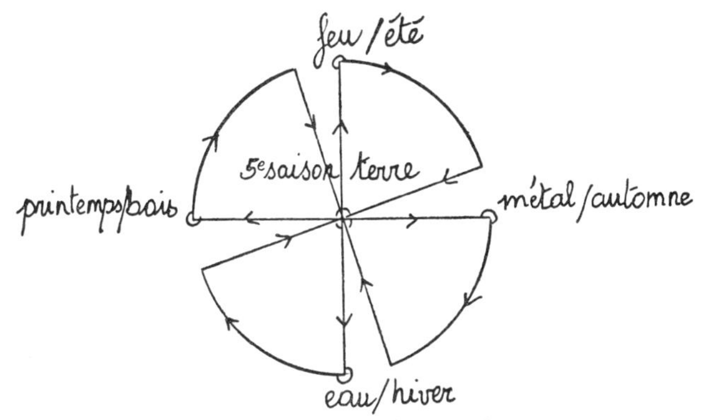

9. Place de l'intersaison dans les quatre saisons

rate, et cet organe se voit attribuer un rôle fondamental de distribution d'énergie vis-à-vis des autres organes.

Le cycle d'engendrement

Malgré la place centrale de l'élément Terre et le rôle intercalaire de la cinquième saison, la doctrine des cinq mouvements fut amenée à situer différemment cet élément dans le cycle d'engendrement mutuel. Selon les Chinois, les mutations successives des éléments sont en effet immuables :

- Le Bois engendre le Feu.
- Le Feu engendre la Terre (le feu réduit en cendres, la cendre se mêle à la terre).
- La Terre engendre le Métal (les métaux naissent dans les entrailles de la terre).
- Le Métal engendre l'Eau (tout métal peut devenir liquide et l'eau représente les liquides en général).
- L'Eau engendre le Bois (l'eau est nécessaire à la croissance des végétaux).

La réprésentation finale du cycle normal des cinq mouvements se trouve donc modifiée et aboutit à celle de la figure 10 appelée cycle Cheng ou cycle d'engendrement.

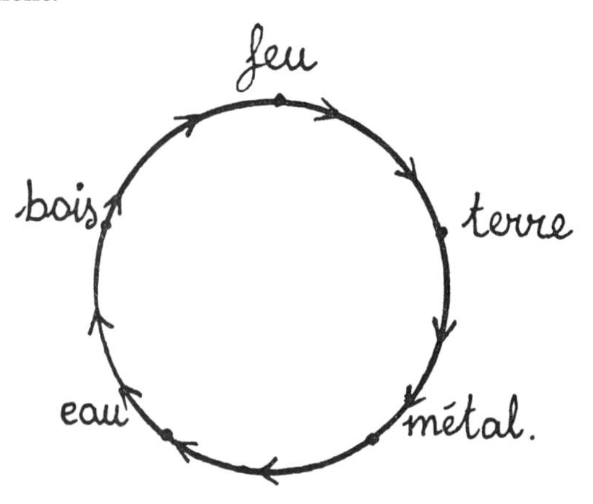

10. Le cycle d'engendrement des cinq éléments

Dans ce cycle, chaque élément se trouve conventionnellement dénommé « la mère » de l'élément suivant et « le fils » de l'élément précédent. Par exemple, l'Eau engendre le Bois qui produit à son tour le Feu : le Bois est le « fils » de l'Eau et il est la « mère » du Feu.

D'autre part, les éléments sont associés à des étapes précises de la mutation engendrée par le déroulement des saisons. La cinquième saison, bien que possédant un rôle à chaque changement de saison, trouve dans ce cas une culmination entre l'été et l'automne appelée fin de l'été.

Ainsi l'élément Bois, le printemps, possède la capacité de mettre en mouvement, de donner naissance. Il vient du Yin et se dirige vers la culmination du Yang, vers le soleil (il est associé à l'est et donc au soleil levant). Il contient l'idée d'extériorisation.

L'élément Feu, l'été, signifie le mouvement d'expansion. Il a tendance à répandre ce qu'il a reçu du Bois.

Le rôle de la Terre se situe à deux niveaux. D'une part elle a une place centrale et sert d'intermédiaire entre deux mutations (schéma 9). Elle s'intègre de ce fait dans chacun des autres mouvements qu'elle nourrit et elle possède un rôle de distribution. D'autre part, son action culmine entre la fin de l'été et le début de l'automne et évoque alors l'idée de maturation.

Le Métal, l'automne, correspond à l'idée d'intériorisation. On sort de la partie la plus Yang (le Feu — l'été) pour se diriger vers la partie la plus Yin (l'eau — l'hiver). Il contient l'idée de ramassage, de collecte.

L'Eau, l'hiver, correspond au maximum de Yin, à la concentration, dont va renaître le Yang qui se dirige vers le Bois.

Bois	—	mise en mouvement
Feu	—	expansion
Terre	—	distribution
Métal	—	ramassage
Eau	—	concentration

Une telle succession met en valeur le rythme cyclique de la vie et l'aptitude à la mutation que possède chacun des éléments. Considérer l'un de ceux-ci sans tenir compte des autres est, dans l'optique de la médecine orientale, une erreur du même type que celle qui consiste à ériger le Yin ou le Yang en entité autonome. La doctrine des cinq mouvements, ou cinq éléments, s'affirme donc avant tout comme une doctrine synthétique qui étudie les mouvements cycliques du monde dont il faut saisir l'ensemble préalablement à l'analyse de chacun de ces termes.

Le cycle de destruction

La loi des cinq mouvements comporte un cycle de destruction, le cycle Ko, qui complète le cycle d'engendrement. Ce cycle existe simultanément au premier car toute chose dans l'univers se produit et se détruit. Il ne s'agit donc pas d'un « mauvais » cycle s'opposant à un « bon » cycle mais d'une autre loi qui régit les interactions entre les éléments.

Le cycle de destruction, ou de soumission se caractérise par les données suivantes :

Le Bois domine la Terre
La Terre domine l'Eau
L'Eau domine le Feu
Le Feu domine le Métal
Le Métal domine le Bois

Les phénomènes liés aux deux types d'interactions régis par les cycles d'engendrement et de destruction se manifestent sans arrêt dans la nature et notamment dans notre organisme. C'est ainsi que les lois d'acupuncture, de l'alimentation, du psychisme, entre autres, se réfèrent toujours à l'interdépendance des organes définie par ces deux cycles.

La figure 11 représente l'intégration finale des deux cycles de la doctrine des cinq mouvements.

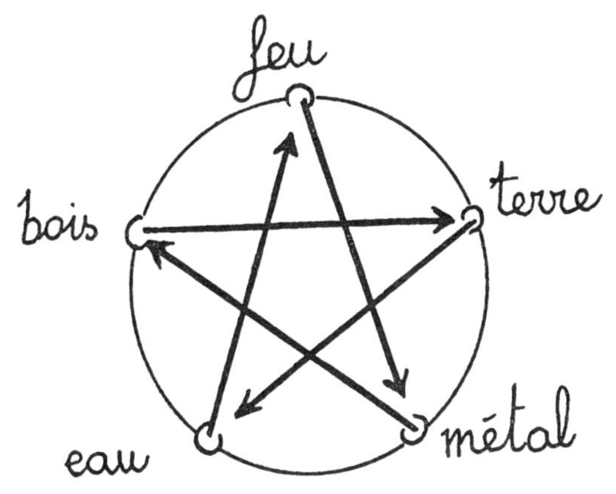

11. Intégration des cycles d'engendrement et de destruction des cinq éléments

Le cycle de mépris

Ce cycle n'est pas un cycle « normal » des mutations des cinq mouvements et il se produit en cas de perturbations liées à des excès ou des insuffisances. Le *So Ouenn* l'explique au chapitre 65 :

> Si l'énergie de l'organe prédominant est en trop grande plénitude, elle affaiblit l'organe dont elle triomphe, et excite l'organe dont elle ne peut pas triompher. Si l'énergie de l'organe prédominant est en vide, elle subit l'attaque simultanée de l'organe dont elle triomphe et de l'organe dont elle ne peut triompher.

Les interactions se manifestent donc dans le sens contraire des cycles normaux (figure 12).

Par exemple, si l'énergie du Bois est en trop grande plénitude (excès), elle attaquera l'énergie de la Terre — c'est-à-dire l'organe dont elle triomphe dans le cycle

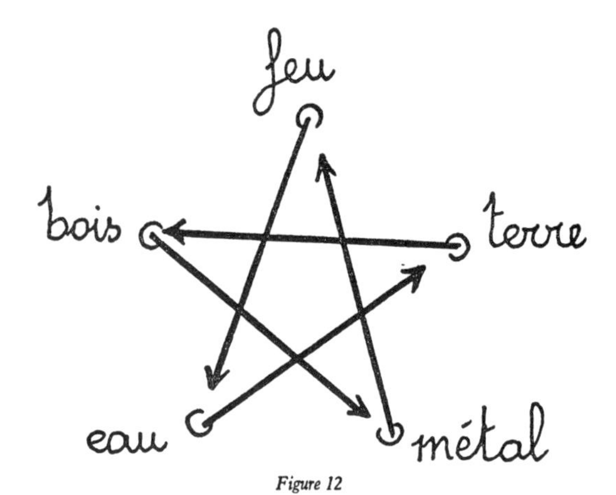

Figure 12

normal de destruction — ainsi que l'énergie du Métal, c'est-à-dire l'organe qui est censé l'attaquer par le cycle Ko mais contre lequel elle se retourne selon le cycle de mépris. On dit alors que le « petit-fils » se retourne contre la « grand-mère ».

L'intérêt de ce cycle est évident pour comprendre les conséquences des dérèglements énergétiques.

Les classes définies par les cinq éléments

La pensée chinoise reconnaît une similitude entre toutes les composantes de l'univers, tant au niveau du macrocosme que du microcosme. Cette vision de synthèse s'exprime avec la doctrine des cinq éléments qui range à côté de chacun d'eux, toute une série de phénomènes sans lien apparent.

Les phénomènes naturels, comme les phénomènes physiologiques, sont ainsi divisés en classes comportant cinq entités qui s'associent à l'un des éléments distinctifs. Nous avons déjà cité les saisons et les orientations et l'on peut faire de même avec les énergies climatiques, les couleurs; les odeurs, les saveurs, les organes internes, les états psychiques, etc. Dans le domaine du monde externe, le classement de quelques aspects se fait comme suit :

	ÉNERGIES CLIMATIQUES	COULEURS	SAVEURS	ODEURS	SAISONS
Bois	vent	vert	aigre	rance	printemps
Feu	chaleur	rouge	amer	brûlé	été
Terre	humidité	jaune	doux	parfumé	5e saison
Métal	sécheresse	blanc	piquant	âcre	automne
Eau	froid	noir	salé	putride	hiver

Dans le domaine du monde organique :

	ORGANES	ENTRAILLES	COUCHES	SENS	SENTIMENTS
Bois	foie	vésicule biliaire	muscles	vue	colère
Feu	cœur	intestin grêle	vaisseaux	tact	joie
Terre	rate	estomac	chair	goût	soucis
Métal	poumons	gros intestin	peau et poils	odorat	tristesse
Eau	rein	vessie	os	ouïe	peur

Ces deux tableaux donnent un aperçu des classifications possibles (voir un tableau plus complet p. 48). Nous y reviendrons plus particulièrement dans des domaines précis.

Il est intéressant de noter comment la correspondance peut s'établir entre les différents phénomènes classés sous une même rubrique. Le Dr Nguyen Van Nghi donne cet exemple dans son ouvrage *Pathogénie et pathologie énergétiques en médecine chinoise :*

> Au printemps, la végétation naît et commence à croître. La première manifestation de l'énergie vitale est la pousse des feuilles, reconnaissable à sa couleur verte. L'élément Bois est donc le symbole du printemps.

Voici donc posées trois analogies :

printemps → bois → vert

D'autre part,

> L'organisme humain suit ce mouvement de transformation de la nature. Parmi les cinq organes, c'est le foie, grâce à ses fonctions de régulation, qui répond parfaitement à cette transformation. Or selon le principe de Yin et de Yang, le foie (Yin) est en relation directe avec la vésicule biliaire (Yang). Par sa circulation énergétique profonde, le foie communique avec l'extérieur au niveau des yeux et, par sa circulation superficielle, son méridien principal se ramifie aux muscles et aux tendons.

Nous possédons alors cette suite de similitudes :

Printemps → Bois → Vert → Foie → Vésicule biliaire → Yeux (donc vue) → Muscles

Par des raisonnements semblables on arrive aux classifications des cinq rubriques qui se rangent derrière chaque élément. L'importance de ces classes prend toute sa valeur dans l'étude médicale par les similitudes qu'elles établissent entre les différents aspects organiques et physiologiques de l'être humain. Voici les grandes caractéristiques que l'on peut rattacher aux cinq organes de base.

- *Le foie*

Il se range dans la rubrique désignée par l'élément Bois (printemps, est)

Saveur : aigre-acide
Couleur : vert
Symbole végétal : blé
Symbole animal : poulet et chien

Les précédentes similitudes permettent d'agir sur le foie — en mangeant du poulet ou une nourriture aigre-acide par exemple — ainsi que sur les autres organes en vertu des cycles d'engendrement, de destruction et de mépris liés aux cinq mouvements (une tisane de saveur douce est par exemple bénéfique en cas de plénitude du foie).

Le foie régit les muscles, la vue et sa composante psychique est la colère. Tous ces aspects seront troublés si le foie est atteint.

Ainsi, une nourriture trop aigre nuit aux muscles (contractures) et agit sur la tendance colérique. D'autre part le foie régit le sang et une plénitude de celui-ci se manifeste par la colère et un vide par de l'anxiété et de la peur.

Il est en correspondance avec la vésicule biliaire.

- *Le cœur*

Il se range derrière la rubrique désignée par l'élément Feu (été, sud).

Saveur : amer
Couleur : rouge
Symbole végétal : riz
Symbole animal : mouton

Le cœur régit les artères, la langue et sa composante psychique est la joie.

Le *So Ouenn* écrit (chap. 67) :

> La joie blesse le cœur, la peur qui dépend des reins triomphe de la joie. La chaleur blesse le cœur, le froid qui dépend des reins triomphe de la chaleur, l'amertume blesse l'énergie du cœur, le goût salé qui dépend des reins triomphe de l'amertume.

Le cœur en plénitude se manifeste par des rires, en vide par des gémissements.

Pour stimuler son énergie, il faut prescrire des espèces médicinales piquantes.

Il est en correspondance avec l'intestin grêle.

• *La rate*

Elle se range derrière la rubrique désignée par l'élément Terre (cinquième saison, centre).

Saveur : doux
Couleur : jaune
Symbole végétal : maïs
Symbole animal : bœuf

La rate régit la chair, la bouche et sa composante psychique est la réflexion.

La rate souffre d'excès d'humidité et dans ce cas il convient de prescrire des plantes médicinales de saveur salée.

Elle est en correspondance avec l'estomac.

• *Les poumons*

Ils se rangent derrière la rubrique désignée par l'élément Métal (automne, ouest).

Saveur : piquant
Couleur : blanc

Symbole végétal : avoine
Symbole animal : cheval

Les poumons régissent la peau et le nez (odorat), leur composante psychique est la tristesse.

Les poumons en plénitude seront soulagés par une tisane de saveur aigre-acide.

Ils sont en correspondance avec le gros intestin.

- *Les reins*

Ils se rangent derrière la rubrique désignée par l'élément Eau (hiver, nord).

Saveur : salé
Couleur : noir
Symbole végétal : pois
Symbole animal : porc

Les reins régissent les os et les oreilles (ouïe), leur composante psychique est la peur viscérale. Ils sont aussi en relation avec les organes génitaux et l'anus et, du point de vue psychique, avec la volonté.

Ils souffrent de la sécheresse et, dans ce cas, il faut prescrire des espèces médicinales de saveur amère.

Ils sont en correspondance avec la vessie.

Tout est dans tout

L'évocation de la doctrine des cinq mouvements ne saurait être complète si l'on se bornait à une vision réductionniste de celle-ci en considérant un univers réparti en cinq grandes classes. En effet, à l'intérieur de chaque mouvement, de chaque élément existent cinq autres mouvements qui eux-mêmes se subdivisent et cela indéfiniment. Un bon exemple peut être donné avec les relations entre les organes des sens et les activités sensorielles. Par la subdivision naturelle des classes, on peut percevoir que chaque organe contient potentiellement les autres et qu'ainsi l'univers apparaît comme une imbrication sans fin des cinq éléments en perpétuelle mutation.

En suivant les classifications faites précédemment, on arrive aux enchaînements suivants :

Bois →	foie →	vue →	vert	→	foie	→	Bois
			rouge	→	cœur	→	Feu
			jaune	→	rate	→	Terre
			blanc	→	poumons	→	Métal
			noir	→	reins	→	Eau
Feu →	cœur →	tact →	vent	→	foie	→	Bois
			chaleur	→	cœur	→	Feu
			humidité	→	rate	→	Terre
			sécheresse	→	poumons	→	Métal
			froid	→	reins	→	Eau
Terre →	rate →	goût →	aigre-acide	→	foie	→	Bois
			amer	→	cœur	→	Feu
			doux	→	rate	→	Terre
			piquant	→	poumons	→	Métal
			salé	→	reins	→	Eau
Métal →	poumons →	odorat →	rance	→	foie	→	Bois
			brûlé	→	cœur	→	Feu
			parfumé	→	rate	→	Terre
			âcre	→	poumons	→	Métal
			putride	→	reins	→	Eau
Eau →	reins →	ouïe →	*DO*	→	foie	→	Bois
			LA	→	cœur	→	Feu
			MI	→	rate	→	Terre
			RÉ	→	poumons	→	Métal
			SOL	→	reins	→	Eau

De plus, si l'on considère les éléments du point de vue de leur spécificité de mouvement, on s'aperçoit que les diverses sensations ont des propriétés différentes vis-à-vis des mutations d'énergie.

La vue correspond au Bois dont la qualité est de mettre en mouvement. Les couleurs auront donc un rôle physiologique sur leur organe spécifique :

. Le vert met en mouvement l'énergie du foie.
. Le rouge met en mouvement l'énergie du cœur.
. Le jaune met en mouvement l'énergie de la rate.
. Le blanc met en mouvement l'énergie des poumons.
. Le noir met en mouvement l'énergie des reins.

Le tact correspond au Feu dont la qualité est l'expansion, la mise en circulation. Les sensations tactiles et climatiques auront donc ce rôle physiologique :

. Le vent fait circuler l'énergie du foie.
. La chaleur fait circuler l'énergie du cœur.
. L'humidité fait circuler l'énergie de la rate.
. La sécheresse fait circuler l'énergie des poumons.
. Le froid fait circuler l'énergie des reins.

Le goût correspond à la Terre dont la qualité est la distribution.

. L'aigre distribue l'énergie du foie.
. L'amer distribue l'énergie du cœur.
. Le doux distribue l'énergie de la rate.
. Le piquant distribue l'énergie des poumons.
. Le salé distribue l'énergie des reins.

L'odorat correspond au Métal dont la qualité est le ramassage, l'intériorisation.

. Le rance provoque le ramassage de l'énergie du foie.

. Le brûlé provoque le ramassage de l'énergie du cœur.

. Le parfumé provoque le ramassage de l'énergie de la rate.

. L'âcre provoque le ramassage de l'énergie des poumons.

. Le putride provoque le ramassage de l'énergie des reins.

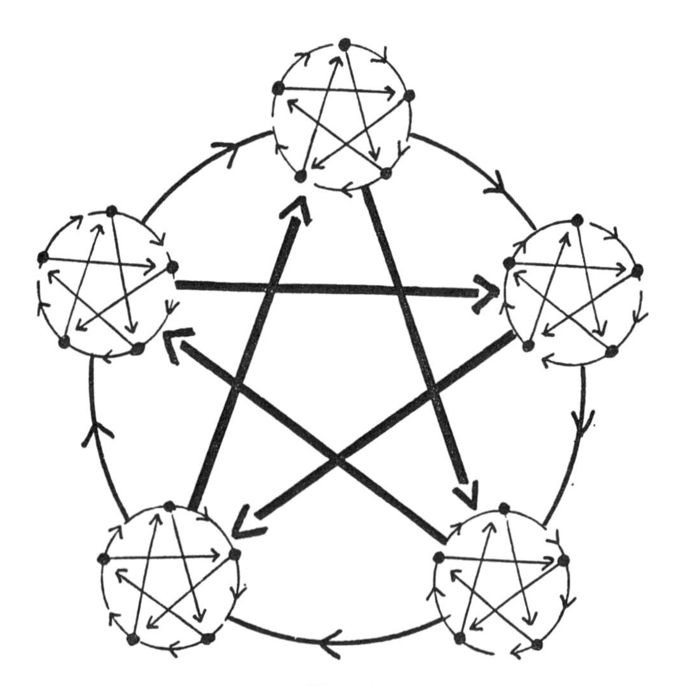

Figure 13

L'ouïe correspond à l'Eau dont la qualité est la concentration.

. La note *do* concentre l'énergie du foie.
. La note *la* concentre l'énergie du cœur.
. La note *mi* concentre l'énergie de la rate.
. La note *ré* concentre l'énergie des poumons.
. La note *sol* concentre l'énergie des reins.

Aussi, à l'instar de la « roue de Lao Tseu » qui apparaît comme le meilleur symbole du Yin/Yang, la figure 13 donne une bonne représentation de ce que pourrait être une vision non limitative de la doctrine des cinq mouvements.

TABLE DE CORRESPONDANCE DES CINQ ÉLÉMENTS

	Bois	Feu	Terre	Métal	Eau
Temps	printemps	été	5e saison	automne	hiver
Espace	est	sud	centre	ouest	nord
Climat	vent	chaleur	humidité	sécheresse	froid
Énergie hôte	Tsiue Yin	Chao/Yang	Tae Yin	Yang Ming	Tae Yang
Énergie invitée	Tae Yin	Yang/Ming	Chao Yang Chao Yin	Tae Yang	Tsiue Yin
Tronc céleste	Kia - Yi (1) (2)	Ping - Ting (3) (4)	Wou - Ki (5) (6)	Keng - Tsin (7) (8)	Jen - Kouei (9) (10)
Branche terrestre	Yin - Mao III IV	Ssen - Wou VI VII	Tchen - Wei V VIII Su - Tcheou XI II	Chen You IX X	Hai Tse XII I
Mouvement	mise en mouvement	expansion	distribution	intériosation ramassage	concentration
Organe	foie	cœur	rate	poumons	reins
Entrailles	vésicule biliaire	intestin grêle	estomac	gros intestin	vessie
Caractéristiques physiologiques	yeux muscles ongles	langue vaisseaux teint	bouche chair lèvres	nez peau poils	oreille os dents
Manifestations	larmes cris	sueur rire	salive chant	morve pleurs	urine gémissement
Entité psychique	Roun	Chenn	I	Pro	Tche
Traits psychiques et sentiments	colère mécontentement imagination audace	joie angoisse jugement souci des convenances rite	réflexion soucis mémoire bonne administration bonne foi fidélité	tristesse peur crainte instinct circonspection justice	peur viscérale tremblements volonté astuce et ruse sagesse
Perception	vue	tact	goût	odorat	ouïe
Couleur	vert	rouge	jaune	blanc	noir
Odeur	rance	brûlé	parfumé douceâtre	âcre	putride
Saveur	acide	amer	doux	piquant	salé
Animaux	chien volaille	mouton	bœuf	cheval	porc
Végétaux	blé froment prunes vinaigre mauve bardane	riz gluant abricot café chicorée ail pissenlit	millet orge maïs dattes sucre poireau 7 aromates	avoine pêche piment échalote lotus	haricot pois sarrasin soja châtaigne sel oignon azukis
Note de musique	Kyo : *do*	Tchi : *la*	Kong : *mi*	Chang : *ré*	Yu : *sol*
Planète	Jupiter	Mars	Saturne	Vénus	Mercure
Pierre précieuse	turquoise	rubis	topaze	saphir	émeraude
Métal	étain	fer	plomb	or	mercure
Nombre	8	7	5	9	6

IV
Les manifestations de l'énergie humaine

Conformément au principe de l'unicité de l'énergie et de la multiplicité de ses manifestations, l'être humain présente plusieurs types d'énergies qui sont toutes qualifiées par le même idéogramme Tchi, associé à un autre caractère qui précise leur spécificité. En schématisant, on peut répartir ces énergies distinctes en deux grandes parties : les énergies de différentes origines qui sont transformées par l'organisme ; les énergies provenant de l'intégration des précédentes qui se répartissent dans l'ensemble du corps selon des cycles précis.

Les trois foyers et l'intégration des énergies

Le concept des trois foyers — qui est parfois appelé trois cuiseurs, trois brûleurs ou triple réchauffeur — est une notion très ancienne dont il est déjà fait mention dans le *Neï Ting*. Il s'agit d'une fonction énergétique rattachée aux organes et aux entrailles dont le rôle est d'assurer l'intégration des différentes énergies qui participent à la vie de l'être humain. Celles-ci sont au nombre de trois : l'énergie ancestrale, l'énergie provenant des aliments et celle provenant de l'air. Ces énergies s'unissent et se transforment grâce au système des trois foyers qui au terme du processus distribue les nouvelles énergies créées dans le corps humain.

- *L'énergie ancestrale : Yuen Tchi*

Yuen Tchi prend naissance au moment de la réunion de l'ovule et du spermatozoïde, elle est à l'origine de la vie et porte en elle le code génétique de chaque être. Il s'agit donc d'une véritable énergie héréditaire et c'est dans ce sens qu'on l'appelle communément énergie ancestrale.

En fait, il serait plus fidèle à la tradition de traduire par énergie originelle car l'idéogramme *Yuen* signifie origine. Le sinologue Henri Maspero, dans son ouvrage *Le Taoïsme et les religions chinoises*[1], traduit d'ailleurs Yuen Tchi par souffle originel.

> Ce souffle originel, nous dit-il, est chez l'homme le correspondant des souffles primordiaux qui lors de la création formèrent le ciel et la terre... c'est le principe vital.

Et le *Yuen lun*, traité du souffle originel, ajoute :

> Le souffle originel est la source du souffle vivant ; c'est le souffle en mouvement entre les reins ; c'est la base des cinq viscères, la racine des douze veines, la porte de l'expiration et de l'inspiration, la source des trois cuiseurs ; ce souffle est la racine de l'homme : si la racine est coupée, les viscères, les réceptacles, les nerfs, les veines sont comme les branches et les feuilles (de l'arbre dont la racine est coupée) ; quand la racine est détruite, les branches se dessèchent.

Yuen Tchi représente la potentialité de vie de l'être humain à sa naissance. Elle décroît pendant toute la

1. Éd. Gallimard.

durée de la vie et la mort naturelle, c'est-à-dire la mort non accidentelle ni conséquente à des lésions fonctionnelles, résulte de son épuisement et de sa disparition. C'est pourquoi Yuen Tchi doit être toujours protégée et conservée précieusement. L'importance des ascèses extrême-orientales et de leur méthode de respiration apparaît notamment quant à cette fonction.

L'énergie originelle prend naissance dans les reins et se trouve principalement localisée dans la partie inférieure de l'abdomen, entre le nombril et le pubis, dans cette région appelée, foyer inférieur au champ de cinabre, que nous décrivons plus loin. Elle est aussi présente dans toutes les cellules du corps et circule avec l'énergie Yong dans les méridiens.

Henri Maspero explique que des théories différentes se sont affrontées quant à la localisation physiologique exacte de Yuen Tchi mais que tout le monde s'accorde sur l'importance primordiale de la partie basse de l'abdomen (le hara des Japonais) :

> Le souffle originel, s'il naît dans le rein gauche, en sort pour passer par la Porte du Destin et aller dans l'Océan du Souffle, qihai. Les identifications des noms de la région inférieure avec des organes réels étaient moins bien établies que dans les deux autres régions du corps, probablement parce que le ventre où se fait tout le travail de la formation de l'embryon avait été dès l'origine l'objet de spéculations à tendance physiologique chez les taoïstes, si bien que de vieilles théories (...) se heurtaient à des théories plus modernes qu'elles gênaient : la Porte du Destin et l'Océan du Souffle tantôt sont le champ de cinabre lui-même, tantôt sont en dehors de lui ; et l'expression Porte du Destin s'applique tantôt au rein gauche seul, tantôt à l'intervalle entre les deux reins. En tout cas, tout le monde est d'accord pour admettre que le souffle originel doit occuper le champ de cinabre, et le remplir[1].

1. H. Maspero, *op. cit.*, pp. 504-505.

• *Yeung Tchi et Kou Tchi*

On désigne par ces termes l'énergie provenant de l'air (Yeung Tchi) et celle provenant des aliments (Kou Tchi). Ces deux énergies représentent l'apport de l'environnement à la vie de l'homme. Yeung Tchi est l'énergie du ciel, Kou Tchi, l'énergie de la terre :

> La vie est engendrée par la réunion de l'énergie de la terre avec celle du ciel. La vie conserve l'essence de cette combinaison. Cette essence est composée de deux éléments, dont l'un provient du cosmos, tandis que l'autre provient des aliments (*Lin Tchrou*, chap. 8).

En prenant la figure 1, reproduite dans le chapitre sur l'énergie, et en y intégrant Yeung Tchi et Kou Tchi, nous arrivons ainsi au schéma de la figure 14.

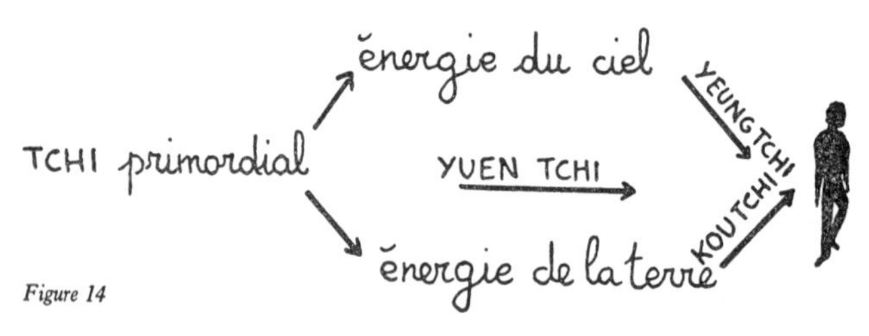

Figure 14

Signalons toutefois que les énergies du ciel et de la terre n'agissent pas sur l'homme uniquement par l'intermédiaire de l'énergie alimentaire et de l'énergie de l'air mais aussi par l'influence des rythmes énergétiques (les troncs et les branches : voir chapitre suivant).

• *Les énergies produites*

Il en existe plusieurs types qui correspondent à différentes fonctions. Il ne faut cependant pas oublier que ces énergies, que nous étiquetons de noms différents, ne sont que les manifestations de la même énergie générale qui emplit le corps humain.

1. *Tsong Tchi.* Il s'agit de l'énergie essentielle qui provient de la réunion de l'énergie de l'air et de l'énergie des aliments.

2. *Énergie nourricière Yong.* Elle provient de l'énergie des aliments et se charge de maintenir la vie dans l'organisme en assurant la nutrition de tous les éléments. Le *So Ouenn*, au chapitre 43, dit qu'elle « est l'essence de la nourriture ; elle régularise les cinq organes et les six entrailles ; elle se trouve dans les méridiens et les artères et circule par eux dans l'organisme ».

3. *Énergie défensive Oé.* L'idéogramme Oé qui désigne cette énergie symbolise parfaitement son rôle. On y trouve réunis les caractères signifiant « agir » et « cuir », ce dernier mot étant le symbole de la cuirasse du guerrier, donc de la protection.

A ce sujet, J. Lavier, dans *Les Bases traditionnelles de l'acupuncture chinoise* écrit : « Oé contient en outre une allusion à la peau (cuir) organe de protection et une autre à une possibilité d'action (agir) de caractère défensif. Nous en arrivons alors à la définition exacte du caractère Oé : « La sentinelle dont la double mission est de protéger et de défendre. »

L'énergie Oé circule en dehors du circuit des méridiens et se répand dans les tissus. Elle effectue cinquante tours dans l'organisme en vingt-quatre heures : vingt-cinq tours le jour, vingt-cinq tours la nuit. Elle circule le jour dans le Yang et la nuit dans le Yin, conformément à l'environnement naturel.

A propos des énergies Yong et Oé, le *Ling Tchrou* dit au chapitre 18 :

> L'énergie vient de l'estomac, de celui-ci elle passe aux poumons pour alimenter les cinq organes et les six entrailles. L'énergie pure s'appelle énergie Yong, celle qui est impure s'appelle énergie Oé. L'énergie Yong circule dans les méridiens, l'énergie Oé en dehors des méridiens. L'énergie Yong circule sans cesse, après avoir accompli cinquante fois son cycle elle recommence, Yin et Yang circulent alternativement dans ce cycle, tandis que l'énergie défensive Oé fait vingt-cinq tours dans le Yin et vingt-cinq tours dans le Yang, c'est-à-dire pendant le jour et pendant la nuit.

4. *Tcheung Tchi.* C'est l'énergie véritable qui est la combinaison de l'énergie ancestrale Yuen Tchi et de l'énergie essentielle Tsong Tchi (elle-même réunion de Yueng Tchi et Kou Tchi). Tcheung Tchi jaillit au niveau des poumons comme résultat des diverses transformations énergétiques opérées par le système des trois foyers. L'énergie nourricière Yong et l'énergie défensive Oé qui vont assurer la circulation de l'énergie dans l'organisme sont contenues dans Tcheung Tchi.

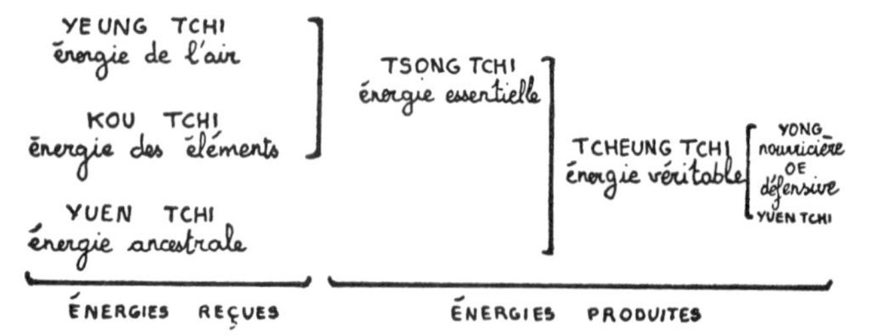

• *La répartition des trois foyers*

Les trois foyers occupent trois régions anatomiques, trois niveaux, dans le corps humain.

1. Le foyer supérieur (Chang Tsiao) se situe dans le thorax, au-dessus du diaphragme.
2. Le foyer moyen (Tchong Tsiao) se situe entre le diaphragme et une horizontale passant par l'ombilic.
3. Le foyer inférieur (Hsia Tsiao) se situe entre une horizontale passant par l'ombilic et le pubis. Cette zone s'appelle aussi Tan Tienn : champ de cinabre.

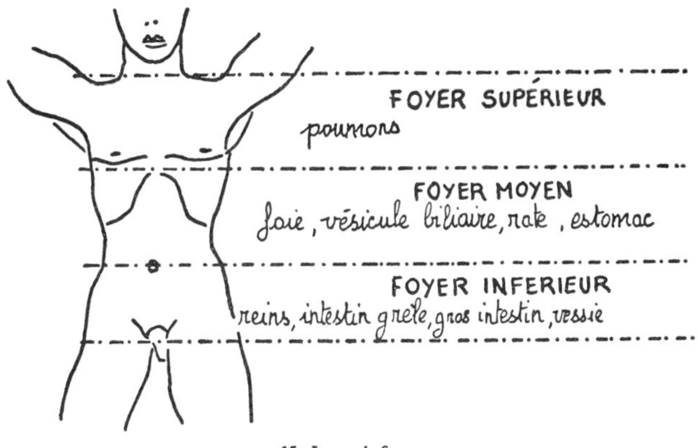

15. Les trois foyers

1. Le foyer supérieur englobe les poumons et le cœur mais ce dernier ne participe pas à sa fonction. Son rôle est de recevoir l'énergie du ciel en assimilant l'énergie de l'air, Yeung Tchi (« Par les narines et les poumons, l'organisme puise l'énergie du ciel » *Ling Tchrou,* chap. 56). De plus, il règle le départ de

l'énergie essentielle issue de la transformation de l'union de Yeung Tchi et de Kou Tchi.

2. Le foyer moyen comprend le foie, la vésicule biliaire, la rate et l'estomac. Son rôle est de produire de l'énergie à partir de l'absorption des aliments et d'éliminer les résidus de la digestion vers le foyer inférieur.

C'est grâce au foyer moyen que l'énergie des aliments Kou Tchi se transforme en énergie Yong ou énergie nourricière.

3. Le foyer inférieur réunit les reins, l'intestin grêle, le gros intestin, la vessie ainsi que la fonction de reproduction.

Le rôle de ce foyer est multiple. D'une part il se charge d'éliminer les résidus de la digestion transmis par le foyer moyen. D'autre part, il élabore l'énergie défensive Oé. Enfin il contient l'énergie ancestrale Yuen Tchi.

- *La communication entre les trois foyers*

Malgré leur répartition anatomique distincte et le rôle physiologique spécifique de chacun, les trois foyers sont en étroite interdépendance les uns avec les autres. Cela est vrai au niveau des organes et entrailles qu'ils contiennent et qui sont en relation par le circuit des méridiens et par la loi des cinq éléments, mais aussi au niveau de leurs rôles d'intégration et de production énergétique.

La liaison est assurée par le Tchong Mo, réseau énergétique qui n'appartient pas au système classique des douze méridiens. Le *Ling Tchian* (chap. 38) écrit à son sujet : « Le méridien curieux Tchong Mo est la mer des cinq organes et des six entrailles. Cela veut dire que les cinq organes reçoivent de lui leur énergie. » Son trajet est le suivant : « (Il) débute aux parties génitales, il s'élève vers le haut du corps, circule à l'extérieur du corps, se disperse sur la poitrine. Il circule également dans les méridiens, passe dans les artères que l'on sent battre à côté de l'ombilic. Par ces artères, l'énergie du Tchong Mo se jette dans les ramifications de l'énergie de la région abdominale en même temps que les ramifications du méridien de l'estomac. L'énergie de Tchong Mo s'intègre dans le méridien des reins pour descendre sur la face interne du membre inférieur et pour se jeter dans les ramifications de l'énergie, aux mollets » (*Ling Tchian*, chap. 62).

Le Tchong Mo apporte la chaleur et la nourriture, c'est-à-dire l'énergie et le sang, à tous les organes du corps. Il règle aussi la température du corps en faisant jouer le rapport entre l'énergie (Yang-chaud) et le sang (Yin-froid).

La circulation de l'énergie

Bien que l'énergie soit présente dans tout le corps humain puisqu'elle en constitue la substance même, on peut distinguer dans l'organisme des réseaux énergétiques précis où l'énergie circule sans cesse. Ces réseaux, appelés Tching en chinois ont été traduits par Soulié de Morand par le terme : méridien.

On distingue plusieurs groupes de méridiens aux fonctions diverses que nous ne ferons qu'évoquer ici. Les méridiens principaux sont au nombre de douze auxquels il faut ajouter les vaisseaux gouverneurs et concepteurs qui comportent eux aussi des points importants pour la pratique de l'acupuncture. Les méridiens principaux sont désignés par les noms des organes et des fonctions auxquels ils se rattachent.

- *Les organes et les fonctions*

La tradition chinoise se réfère à l'existence de cinq organes, cinq entrailles et deux fonctions. Les organes sont Yin par rapport aux entrailles qui sont Yang. Organes et entrailles se rattachent par couples à l'un des cinq éléments. Les concordances sont les suivantes :

ORGANES (YIN)	ENTRAILLES (YANG)	ÉLÉMENTS DE RÉFÉRENCE
Foie (F)	Vésicule biliaire (VB)	Bois
Cœur (C)	Intestin grêle (IG)	Feu
Rate (R)	Estomac (E)	Terre
Poumon (P)	Gros intestin (GI)	Métal
Rein (Rn)	Vessie (V)	Eau

Les deux fonctions sont appelées trois foyers[1] (TF) et constricteur du cœur (CC). La fonction des trois foyers est en relation avec le système qui la désigne. La fonction du constricteur du cœur est en relation avec le cœur où elle désigne la vaso-motricité.

Les trois foyers sont Yang par rapport au constricteur du cœur qui est Yin.

Trois foyers et constricteur du cœur sont en correspondance avec l'élément Feu (C-IG-TF-CC). Par rapport à deux seulement pour les autres éléments permet

1. Les trois foyers étaient autrefois considérés comme une entraille ; de là provient l'appellation « cinq organes et six entrailles » fréquente dans le *Neï Ting*.

de passer des cinq éléments aux six énergies lorsque le Feu se dédouble en Feu empereur et Feu ministériel (voir chap. suivant). Par l'intermédiaire de la loi des cinq éléments les organes régissent d'autres aspects physiologiques et correspondent avec des facteurs externes (voir le tableau des cinq éléments).

Les fonctions des organes se trouvent aussi exposées de manière imagée dans le chapitre 8 du *So Ouenn*. A la question de l'empereur Hoang Ti qui lui demande : « Pouvez-vous me dire quelles sont les fonctions des cinq organes, des six entrailles, des douze méridiens ? », le médecin Khi Pa lui répond : « Le cœur est un organe royal ; il représente le roi ; en lui réside l'esprit. »

Les poumons sont les ministres ; ils régissent l'énergie de l'extérieur, de la peau.

Le foie est le général qui élabore les plans.

La vésicule biliaire, c'est le juge qui décide et condamne.

Le constricteur du cœur sont les fonctionnaires ; d'eux peuvent venir joie et plaisir.

La rate et l'estomac, ce sont les greniers, les dépôts de nourriture.

Le gros intestin transforme.

L'intestin grêle contient le trop-plein (comme un lac régularise le cours d'une rivière). Il fait passer dans l'organisme la nourriture transformée.

Les reins engendrent la puissance, la force.

Les trois foyers sont comme la vanne d'un barrage qui sert à maintenir les niveaux.

La vessie est comme le mandarin de la sous-préfecture, c'est un organe secondaire qui emmagasine les produits d'excrétion. C'est la phase terminale de l'énergie. Ces douze fonctions doivent être toujours en parfaite harmonie.

Il existe d'autre part certaines entrailles dites « curieuses » qui ne possèdent pas de méridien propre. Parmi ces entrailles curieuses, il faut noter le cerveau, la tyroïde, l'utérus, etc.

Enfin, les organes et les entrailles contiennent des quantités différentes de sang, c'est-à-dire d'énergie plus manifestée, et d'énergie, c'est-à-dire d'énergie moins manifestée. Le rapport entre sang et énergie permet la thermorégulation de l'organisme, le sang (plus Yin) produisant du froid et l'énergie (plus Yang) de la chaleur.

La quantité de sang et d'énergie selon les organes et entrailles est la suivante :

FONCTIONS		ORGANES (YIN)		ENTRAILLES (YANG)	
		Foie	+ sang – énergie	Vésicule biliaire	– sang + énergie
Trois foyers	– sang + énergie	Cœur	– sang + énergie	Intestin grêle	+ sang – énergie
Constricteur du cœur	+ sang – énergie	Rate	– sang + énergie	Estomac	sang = énergie
		Poumon	– sang + énergie	Gros intestin	sang = énergie
		Rein	– sang + énergie	Vessie	+ sang – énergie

- *Les méridiens*

La structure des méridiens est complexe car elle intègre plusieurs groupes de réseaux énergétiques.

Il serait faux en effet d'imaginer le méridien comme un simple courant d'énergie séparé du reste de l'organisme. Son action sur les organes prouve d'ailleurs l'existence d'un système de ramifications énergétiques élaborées qu'il serait inutile de décrire en détail dans le cadre de cet ouvrage.

A titre indicatif nous donnons un tableau résumant l'organisation générale des méridiens et la figure 18 qui montre en coupe l'imbrication des différents réseaux énergétiques.

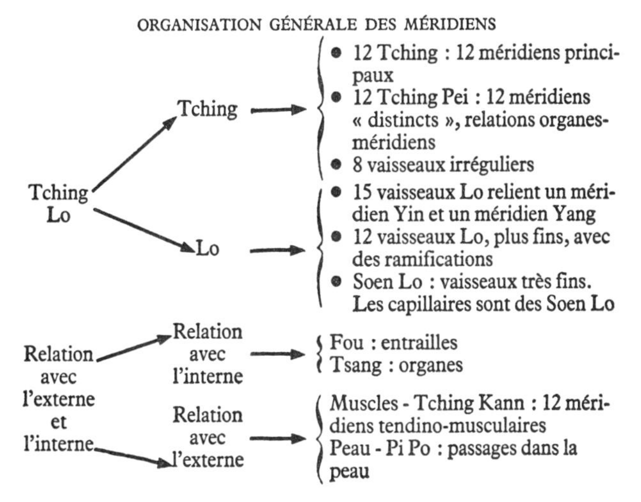

En fait, les cycles énergétiques ne concernent véritablement que les douze méridiens principaux. L'énergie, après son élaboration par les trois foyers, jaillit dans le circuit des méridiens au niveau des poumons. Il s'agit alors de l'énergie Yong et de l'énergie ancestrale ainsi que le précise le *Ling Tchrou* au chapitre 67 :

Quant à la circulation de l'énergie, on sait seulement que l'énergie Yong circule dans les méridiens et les artères, tandis que l'énergie défensive Oé circule en dehors d'eux. L'énergie ancestrale de Tchong Mo circule à la fois avec l'énergie Yong et Oé. Les énergies matérielles sont représentées par le sang, les énergies immatérielles par l'énergie.

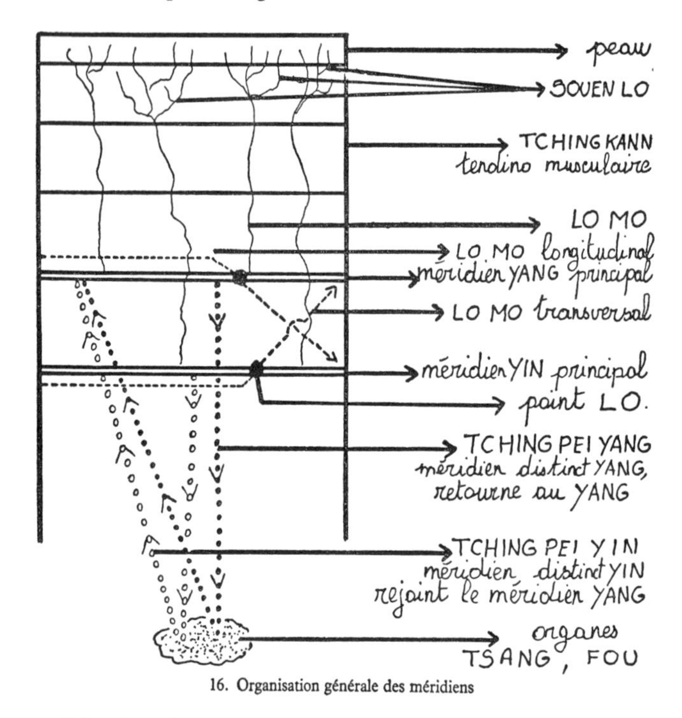

16. Organisation générale des méridiens

L'ordre de succession des méridiens parcourus par l'énergie reste toujours identique et l'on constate un afflux d'énergie à des heures constantes (heures données en heures solaires) :

Poumons	3 à 5 heures
Gros intestin	5 à 7 heures
Estomac	7 à 9 heures
Rate	9 à 11 heures

Cœur	11 à 13 heures
Intestin grêle	13 à 15 heures
Vessie	15 à 17 heures
Rein	17 à 19 heures
Constricteur du cœur	19 à 21 heures
Trois foyers	21 à 23 heures
Vésicule biliaire	23 à
Foie	1 à 3 heures

Ces heures de plénitude normale de l'énergie dans les méridiens sont primordiales pour le travail de l'énergie. Il faut les mettre en relation avec les « branches terrestres » étudiées au chapitre suivant sur « Les rythmes biologiques ».

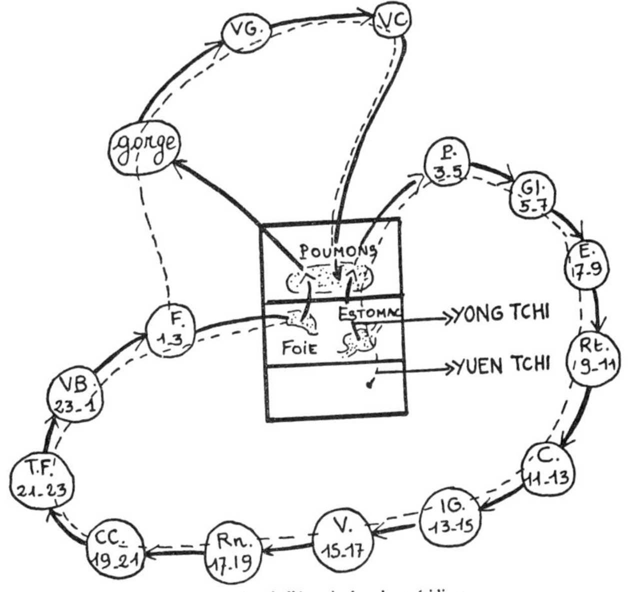

17. Circulation de l'énergie dans les méridiens

A partir des poumons l'énergie circule aussi dans les vaisseaux gouverneur et conception (Tou Mo et Jen Mo) dont les tracés sont situés sur la ligne médiane du corps (face antérieure et face postérieure) et qui se rejoignent sur le visage et entre l'anus et le sexe.

Les méridiens principaux communiquent entre eux dans les régions précises car leur point de départ et d'arrivée se situe toujours dans l'une des quatre parties du corps suivantes : poitrine, tête, main, pied.

. Le méridien du poumon part de la poitrine et aboutit aux mains.

. Le méridien du gros intestin part des mains et aboutit à la tête.

. Le méridien de l'estomac part de la tête et aboutit aux pieds.

. Le méridien de la rate part des pieds et aboutit à la poitrine.

. Le méridien du cœur part de la poitrine et aboutit aux mains.

. Le méridien de l'intestin grêle part des mains et aboutit à la tête.

. Le méridien de la vessie part de la tête et aboutit aux pieds.

. Le méridien des reins part des pieds et aboutit à la poitrine.

. Le méridien du constricteur du cœur part de la poitrine et aboutit aux mains.

. Le méridien des trois foyers part des mains et aboutit à la tête.

. Le méridien de la vésicule biliaire part de la tête et aboutit aux pieds.

. Le méridien du foie part des pieds et aboutit à la poitrine.

La schématisation de ces trajets (figure 18) met en évidence la symétrie de leur cycle.

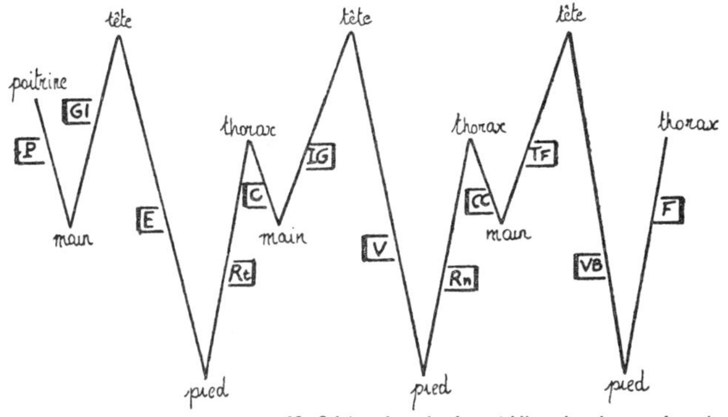

18. Schéma du trajet des méridiens dans le corps humain

- *Les points*

Les méridiens sont jalonnés de points spécifiques sur lesquels on peut agir par l'intermédiaire de l'acupuncture, des moxas [1], des massages, etc.

Nous n'insisterons ici que sur des points particuliers situés à l'extrémité des membres (entre le bout des doigts de la main et le coude ou entre le bout des orteils et le genou). Ces points sont au nombre de cinq par méridien et chacun d'eux est en relation avec un élément. Pour les organes (Yin), les relations sont les suivantes :

1er point Tsing	⟶	Bois	(printemps)
2e point Yong	⟶	Feu	(été)
3e point Yu [2]	⟶	Terre	(5e saison)
4e Tching	⟶	Métal	(automne)
5e Ho	⟶	Eau	(hiver)

1. Morceau d'armoise que l'on brûle sur le point, celui-ci étant alors stimulé par la chaleur.
2. Pour les organes ce point Yu est confondu avec le point Yuen ou point-source.

Pour les entrailles (Yang) les relations sont :

1er point Tsing ⟶ Métal
2e point Yong ⟶ Eau
3e point Yu ⟶ Bois
4e point Tching ⟶ Feu
5e point Ho ⟶ Terre

Ces points permettent aussi d'intervenir en fonction des saisons et de tous les rythmes biologiques qui animent le cosmos.

La maladie

Il est aujourd'hui admis que la médecine chinoise est une médecine énergétique et que les causes de maladie selon son système de référence sont à rechercher dans les déséquilibres énergétiques. Cependant, on entend généralement par là les perturbations de la circulation de l'énergie dans les méridiens, résultat de la déficience de certains organes. Pour beaucoup, il suffit alors de piquer le point d'acupuncture relié à l'organe considéré et l'énergie, par une sorte de réflexothérapie de type magique, se remet à circuler librement.

En fait, comme le lecteur ayant parcouru les chapitres précédents s'en sera rendu compte, la réalité de la tradition chinoise est à la fois beaucoup plus complexe et beaucoup plus respectueuse de l'interdépendance des phénomènes de l'univers pour se limiter à un raisonnement aussi schématique. Certes, la maladie est bien le résultat d'un déséquilibre énergétique mais les causes de celui-ci ne peuvent être réduites à l'atteinte d'un organe et le moyen d'y remédier doit prendre en compte toutes les lois de mutation de l'énergie que nous avons évoquées précédemment.

D'un certain point de vue, tout être est malade ou, tout au moins, les caractéristiques personnelles de chaque individu reflètent-elles des caractéristiques énergétiques, c'est-à-dire la somme de ses déséquilibres énergétiques. Tel tempérament (coléreux, fougueux, timide...), tel type physique (grand, maigre, trapu, rondouillard), telle qualité psychique (esprit de synthèse, imagination, mémoire) révèlent une entité énergétique à chaque fois différente et portant des caractères spécifiques. Tel individu sera plutôt Yin ou plutôt Yang, il sera plutôt de type bois ou feu ou métal, il présentera une défaillance chronique à tel organe ou une surcharge à un autre, etc.

Comme l'écrit Jacques Lavier :

> Être en bonne santé n'est pas, contrairement à ce qu'on pourrait d'abord penser, avoir ses fonctions normales, dans le sens où cette normalité résulte d'une moyenne statistique prise sur un nombre plus ou moins grand d'individus supposés tous semblables, ce qui est une impossibilité pure et simple. En effet, nous sommes au contraire tous fondamentalement différents les uns des autres, et si quelques caractéristiques, d'ordre strictement quantitatif, nous sont communes (morphologie générale, anatomie, etc.), d'innombrables facteurs qualitatifs nous différencient, ce qui permet de comprendre que la normalité ne doit aucunement être recherchée dans l'ensemble des autres individus, mais bien chez le sujet lui-même[1].

Dans tout cela, il serait vain de chercher un équilibre parfait. Le cosmos entier est en perpétuelle mutation et les énergies du ciel et de la terre manifestent elles-mêmes des singularités, sous la forme des énergies

1. J. LAVIER, *Médecine chinoise, médecine totale,* Grasset.

invitées, qui se surimposent à la succession idéale des mutations énergétiques. Il en va de même pour l'être humain et il est normal que les perturbations affectent, pour diverses raisons sur lesquelles nous reviendrons plus loin, la circulation de ses énergies internes.

La connaissance des rythmes énergétiques a justement l'intérêt de faciliter le rééquilibrage incessant de ces petits déréglements et d'éviter les perturbations plus graves. En effet on pourrait, de manière schématique, distinguer trois niveaux de perturbations. Le premier concerne les dérèglements quotidiens inhérents à l'existence. Le second entraîne des manifestations secondaires et l'irruption de ce qu'on appelle la maladie, avec ses symptômes spécifiques plus ou moins importants. Cette maladie peut parfois être normale et bénigne chez un individu (certains types de maladies infantiles par exemple), tout en présentant des signes extérieurs bien visibles (éruptions cutanées) ; elle peut aussi être plus pernicieuse et ne pas présenter de signes extérieurs tangibles selon nos normes occidentales.

Enfin, le troisième niveau de maladie se manifeste quand il y a lésion d'organes et qu'il s'avère impossible de retourner à l'état énergétique antérieur. Ce stade n'entraîne pas forcément la mort et un nouvel équilibre énergétique peut se réaliser (lors de l'ablation d'un organe par exemple). L'objet de la médecine chinoise reste néanmoins d'intervenir, autant que faire se peut, dans le cadre des deux premiers niveaux.

- *Causes internes et externes*

Les maladies sont le résultat d'un déséquilibre produit par deux types de causes : les facteurs internes et les facteurs externes.

Les facteurs internes peuvent être dus aux carences héréditaires, à une mauvaise alimentation (excès alimentaires ou nourriture déséquilibrée), à des chocs psychologiques (les entités psychiques ayant une action sur les organes). Les facteurs externes proviennent des agressions climatiques qui sont appelées énergies perverses. Ces énergies perverses se manifestent soit au cours de la saison, soit au cours de la journée, quand il y a une perturbation extérieure : un climat ne correspondant pas à la saison, une saison se manifestant soit en retard, soit en avance. Les facteurs externes ne peuvent avoir de prise sur l'organisme que s'il y a carence au préalable. Par exemple, si l'énergie Oé est trop déficiente, l'énergie perverse s'engouffre et attaque l'organe en vide à ce moment-là.

D'autre part, les organes étant liés entre eux selon les relations définies par les cycles des cinq éléments, l'attaque d'un organe agira par répercussion sur un autre organe. A partir d'une simple carence héréditaire, on peut alors arriver par la combinaison des cycles et par l'aggravation due aux rythmes biologiques et horaires à de véritables désordres énergétiques se traduisant par l'apparition de la maladie.

V
Les rythmes biologiques [1]

La science des rythmes célestes et terrestres de la tradition chinoise est fondée sur des concepts si différents des nôtres qu'il apparaît difficile au premier abord d'en appliquer les règles. Pourtant, sans la connaissance de ces rythmes la pratique de la médecine extrême-orientale s'avère réduite à une réflexothérapie sans envergure et il se révèle indispensable d'en connaître tout au moins les principes de base pour mesurer la cohérence d'un système qui intègre les influences chronobiologiques (influence du temps) et bioclimatologiques (influence du climat) en un tout harmonieux auquel l'être humain ne peut que participer : « Entre le ciel et la terre se trouve l'homme. En conséquence, l'énergie de l'homme est influencée par cette combinaison des énergies ciel et terre. Il en est de même pour tous les êtres vivants de ce monde » (*So Ouenn*, chap. 68).

En fait, l'idée de base de la science chinoise des rythmes biologiques est que l'être humain se trouve soumis à des influences externes dans la mesure où il fait partie intégrante du cosmos. Ces influences

1. Les pages de ce chapitre paraîtront ardues au lecteur non initié à la médecine chinoise. Elles lui permettront néanmoins de mesurer l'ampleur des études sur les rythmes cosmiques dans l'ancienne Chine et de se méfier des simplifications abusives.

externes proviennent des énergies du ciel et des énergies de la terre dont on a vu qu'elles se sont manifestées au début de la création du monde. Énergies célestes et terrestres suivent les lois de mutations précises, parmi lesquelles celles du Yin/Yang et des cinq mouvements, et s'influencent réciproquement. Ainsi est-il écrit dans le *Nei King :*

> La terre est maintenue dans le vide par la grande énergie de l'univers... Toutes les choses et tous les êtres se transforment... l'énergie du ciel va à la terre et l'énergie de la terre va au ciel. L'une se trouve en haut, l'autre en bas. L'une et l'autre s'attirent, l'une montant l'autre descendant... Simultanément, il y a côté repos et côté mouvement ; l'un agit sur l'autre, l'autre se produit et se transforme.

L'homme, quant à lui, qui est « créé dans ce mouvement de croisement perpétuel de ces deux forces », doit s'harmoniser au processus continu de transformation s'il ne veut pas subir des dérèglements énergétiques. C'est pourquoi l'étude des influences externes est primordial pour celui qui veut tenir la place qui lui revient dans le cosmos. Agir sur le déséquilibre des énergies dans l'organisme doit se référer tant aux facteurs externes qu'aux facteurs internes car ces derniers, si importants soient-ils, n'ont pas de fonctionnement autonome par rapport à leur environnement.

Troncs célestes et branches terrestres

L'étude des interactions des énergies du ciel et de la terre s'élabore à partir de la connaissance de ce que les

Chinois appellent les troncs célestes, au nombre de dix, et des branches terrestres, au nombre de douze.

Les troncs célestes possèdent une traduction terrestre et leur nombre de dix est issu de l'existence des cinq éléments. Les branches terrestres sont issues des six énergies et ont une traduction céleste. Cette inversion des termes peut dérouter l'esprit occidental mais elle est caractéristique de la pensée chinoise qui met l'accent sur l'interpénétration des deux termes ainsi que l'explique Marcel Granet[1] :

> Cette inversion significative atteste l'interdépendance des deux cycles. Il y a lieu de supposer que, liée à la classification par six, la conception d'un cycle duodénaire se réfère aux représentations du ciel et du temps, de la même manière que, solidaire de la classification par cinq, la conception d'un cycle dénaire dérive des représentations de terre et d'espace. Mais, entre l'espace et le temps, le ciel et la terre, nulle indépendance n'est concevable, et la liaison des deux cycles n'a pas moins d'importance que leur opposition. L'un et l'autre figurent l'ensemble des sites et des occasions que chacun d'eux permet de disposer dans un ordre tel qu'il convienne à la terre et s'impose au ciel ou que, significatif du ciel, il régisse la terre.

Les troncs célestes

Les troncs célestes correspondent aux cinq éléments. Ces derniers s'expriment en effet selon la bipolarité Yin/Yang, ce qui donne deux troncs par mouvement, l'un Yang et l'autre Yin.

La numération des troncs se fait toujours en chiffres

1. M. GRANET, *La Pensée chinoise*, Albin Michel, Coll. « Évolution de l'Humanité ».

arabes (chiffres romains pour les douze branches terrestres) : les chiffres pairs correspondant au Yin et impairs au Yang.

La liste des troncs est la suivante :

1 Kia	6 Ki
2 Yi	7 Keng
3 Ping	8 Tsin
4 Ting	9 Jen
5 Wou	10 Kouei

La correspondance avec les cinq éléments se présente comme suit :

5 ÉLÉMENTS	TRONCS YANG	TRONCS YIN
Bois	Kia (1)	Yi (2)
Feu	Ping (3)	Ting (4)
Terre	Wou (5)	Ki (6)
Métal	Keng (7)	Tsin (8)
Eau	Jen (9)	Kouei (10)

Cette correspondance entre les troncs et les éléments amène inévitablement un lien entre eux et les organes et les entrailles. Les troncs Yang sont alors en relation avec les entrailles et les troncs Yin avec les organes. De plus, les troncs Yang ont une action mobilisatrice de l'énergie alors que les Yin sont en relation avec l'énergie de réserve. Le tableau suivant indique les correspondances entre les troncs célestes et l'organisme.

Bois	Kia	(Yang)	vésicule biliaire
	Yi	(Yin)	foie
Feu	Ping	(Yang)	intestin grêle
	Ting	(Yin)	cœur

Terre	Wou	(Yang)	estomac
	Ki	(Yin)	rate
Métal	Keng	(Yang)	gros intestin
	Tsin	(Yin)	poumon
Eau	Jen	(Yang)	vessie
	Kouei	(Yin)	rein

L'intérêt de ces troncs célestes est de permettre de calculer les influences du temps qui passe. En effet, chaque tronc est prédominant pendant un jour, ce qui nous donne un premier cycle de dix jours qui recommence indéfiniment.

1er jour Kia	Bois	Yang
2e jour Yi	Bois	Yin
3e jour Ping	Feu	Yang
4e jour Ting	Feu	Yin
5e jour Wou	Terre	Yang
6e jour Ki	Terre	Yin
7e jour Keng	Métal	Yang
8e jour Tsin	Métal	Yin
9e jour Jen	Eau	Yang
10e jour Kouei	Eau	Yin

D'autre part les troncs célestes dominent aussi chaque année en suivant leur ordre normal. Ils déterminent ainsi des « grands mouvements » dont le nom définit l'année selon un nouveau schéma d'analogie :

Kia (1)	Yang	Terre
Ki (6)	Yin	
Yi (2)	Yang	Métal
Keng (7)	Yang	
Ping (3)	Yang	Eau
Tsin (8)	Yin	

Ting (4)	Yang	Bois
Jen (9)	Yang	
Wou (5)	Yang	Feu
Kouei (10)	Yin	

Enfin la correspondance entre les troncs célestes et les grands mouvements de chaque année sert à calculer l'état de l'énergie durant cette année. Ce calcul se fait en considérant que l'énergie annuelle est celle du « grand mouvement » correspondant si le tronc céleste est Yang et de l'énergie du mouvement qui le domine selon le cycle Ko de destruction si le tronc est Yin.

A partir des correspondances entre les énergies et les éléments :

Terre ⟶ humidité
Métal ⟶ sécheresse
Eau ⟶ froid
Bois ⟶ vent
Feu ⟶ chaleur

et du cycle de destruction des cinq mouvements reproduit à la figure 19, il est donc possible de déterminer l'énergie normale des mouvements ayant cours chaque année pour un cycle de dix ans.

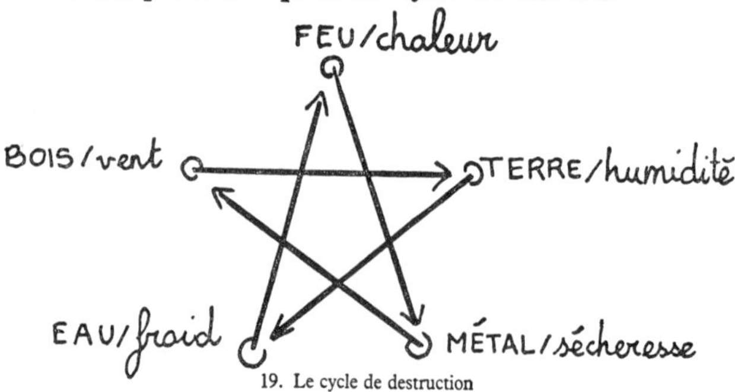

19. Le cycle de destruction

Nous donnons sur ce tableau les années actuelles de référence à partir desquelles il est facile d'établir un calendrier :

TRONCS CÉLESTES	MOUVEMENTS	ÉNERGIE NORMALE	ANNÉES	DÉNOMINATION CHINOISE DES ÉNERGIES
Kia (1)	Terre	humidité	1974	Tae Yin
Yi (2)	Métal	chaleur	1975	Chao Yang Chao Yin
Ping (3)	Eau	froid	1976	Tae Yang
Ting (4)	Bois	sécheresse	1977	Yang Ming
Wou (5)	Feu	chaleur	1978	Chao Yang Chao Yin
Ki (6)	Terre	vent	1979	Tsiue Yin
Keng (7)	Métal	sécheresse	1980	Yang Ming
Tsin (8)	Eau	humidité	1981	Tae Yin
Yen (9)	Bois	vent	1982	Tsiue Yin
Kouet (10)	Feu	froid	1983	Tae Yang

Les mouvements hôtes et invités

L'énergie normale des mouvements de l'année dont la détermination est issue de l'étude des troncs célestes est modulée par l'existence de mouvements dits « hôtes » et « invités » qui se succèdent dans le courant de l'année.

DATE (APPROXIMATIVE)		MOUVEMENT HÔTE	ÉNERGIE CORRESPONDANTE
21- 1	3- 4	Bois	vent
4- 4	15- 6	Feu	chaleur
16- 6	27- 8	Terre	humidité
28- 8	8-11	Métal	sécheresse
9-11	20- 1	Eau	froid

Les mouvements « hôtes » sont les mouvements normaux des saisons qui se succèdent en cinq périodes

			Date[1]				
			26-1	8-4	20-6	22-8	13-11
Troncs célestes	Grands mouvements	Mouvements	Bois	Feu	Terre	Métal	Eau
		Hôtes	vent	chaleur	humidité	sécheresse	froid
Kia ou Ki	Terre	Mouvements invités	Terre humidité	Métal sécheresse	Eau froid	Bois vent	Feu chaleur
Yi ou Keng	Métal	Mouvements invités	Métal sécheresse	Eau froid	Bois vent	Feu chaleur	Terre humidité
Ping ou Tsing	Eau	Mouvements invités	Eau froid	Bois vent	Feu chaleur	Terre humidité	Métal sécheresse
Ting ou Jen	Bois	Mouvements invités	Bois vent	Feu chaleur	Terre humidité	Métal sécheresse	Eau froid
Wou ou Kouei	Feu	Mouvements invités	Feu chaleur	Terre humidité	Métal sécheresse	Eau froid	Bois vent

1. Les dates sont calculées ici pour l'année 1982. Elles varient chaque année en fonction du Nouvel An chinois.

de soixante-treize jours caractérisés chacune par un élément. La succession des mouvements hôtes se fait dans l'ordre de production des éléments à partir du Bois au début de l'année. Cette succession est toujours immuable quelle que soit l'année.

Les mouvements « invités » sont superposés aux précédents et servent à expliquer les anomalies dans les énergies des mouvements. Ils se succèdent dans le courant de l'année aux mêmes époques et dans le même ordre de production que les mouvements « hôtes » mais le premier mouvement invité correspond au grand mouvement de l'année. Si le tronc céleste d'une année est Kia ou Ki, son grand mouvement sera donc la Terre et la succession des mouvements invités se produira comme suit : Terre — Métal — Eau — Bois — Feu.

Le tableau précédent résume la superposition des mouvements hôtes et invités, avec leur énergie correspondante, pour chaque mouvement annuel.

Les branches terrestres

Les branches terrestres représentent la division de la journée en douze parties égales. Chaque heure chinoise équivaut à deux heures européennes et coïncide avec une branche terrestre. Pendant l'heure qui lui revient, chaque branche manifeste sa qualité propre et la succession des heures correspond à un cycle où dominent tour à tour les influences des douze branches terrestres.

La numération des branches terrestres se fait en chiffres romains :

I Tse	⟶	23 à 1 heure
II Tcheou	⟶	1 à 3 heures
III Yin	⟶	3 à 5 heures
IV Mao	⟶	5 à 7 heures
V Tchen	⟶	7 à 9 heures
VI Sseu	⟶	9 à 11 heures
VII Wou	⟶	11 à 13 heures
VIII Wei	⟶	13 à 15 heures
IX Chen	⟶	15 à 17 heures
X You	⟶	17 à 19 heures
XI Su	⟶	19 à 21 heures
XII Hai	⟶	21 à 23 heures

De la même façon que les troncs célestes sont en relation avec les cinq éléments, les branches terrestres sont en relation avec les six énergies. Ces six énergies sont décrites au chapitre 66 du *So Ouenn* intitulé « Étude du cosmos ». Par rapport aux énergies des cinq éléments, le passage à six énergies se fait en dédoublant l'énergie de l'élément Feu, la chaleur, en Feu impérial (chaleur extrême) et Feu ministériel (chaleur).

Le premier est assimilable à la chaleur du soleil et il va du ciel vers la terre. Le second est assimilable à la chaleur de la terre et il va de la terre vers le ciel.

LES SIX ÉNERGIES

Tsiue Yin	⟶	vent
Chao Yin	⟶	feu impérial
Chao Yang	⟶	feu ministériel
Tae Yin	⟶	humidité
Yang Ming	⟶	sécheresse
Tae Yang	⟶	froid

Chaque énergie se trouve en relation avec deux branches terrestres :

Chao	Yin	→	Tse (I)	et Wou (VII)
Tae	Yin	→	Tcheou (II)	et Wei (VIII)
Chao	Yang	→	Yin (III)	et Chen (IX)
Yang	Ming	→	Mao (IV)	et You (X)
Tae	Yang	→	Tchen (V)	et Su (XI)
Tsiue	Yin	→	Sseu (VI)	et Hai (XII)

D'autre part chaque branche terrestre est couplée avec un méridien. La plénitude d'énergie dans ce méridien à une heure donnée s'explique par sa correspondance avec la branche terrestre du moment.

BRANCHES TERRESTRES	MÉRIDIENS
I Tse	vésicule biliaire
II Tcheou	foie
III Yin	poumon
IV Mao	gros intestin
V Tchen	estomac
VI Sseu	rate
VII Wou	cœur
VIII Wei	intestin grêle
IX Chen	vessie
X You	reins
XI Su	maître cœur
XII Hai	triple réchauffeur

Les branches terrestres déterminent des cycles par rapport aux jours, aux mois et aux années. Elles possèdent aussi une traduction symbolique avec le nom d'un animal.

	TRADUCTION SYMBOLIQUE	JOUR	MOIS CHINOIS	CORRESPONDANCE APPROXIMATIVE	ANNÉE	CORRESPONDANCE APPROXIMATIVE
I Tse	rat	1er	11e	décembre	1re	1972
II Tcheou	buffle	2e	12e	janvier	2e	1973
III Yin	tigre	3e	1er	février	3e	1974
IV Mao	chat	4e	2e	mars	4e	1975
V Tchen	dragon	5e	3e	avril	5e	1976
VI Sseu	serpent	6e	4e	mai	6e	1977
VII Wou	cheval	7e	5e	juin	7e	1978
VIII Wei	chèvre	8e	6e	juillet	8e	1979
IX Chen	singe	9e	7e	août	9e	1980
X You	coq	10e	8e	septembre	10e	1981
XI Su	chien	11e	9e	octobre	11e	1982
XII Hai	cochon	12e	10e	novembre	12e	1983

- *Relation des branches terrestres et des cinq éléments*

Cette relation se fait en considérant les cinq éléments dans leur position originelle, c'est-à-dire avec la terre au milieu qui intervient au niveau énergétique à la fin de chaque saison.

Les correspondances s'établissent à partir de cette première classification :

I Tse	Eau pure
II Tcheou	Eau restante
III Yin	Bois mélangé
IV Mao	Bois pur
V Tchen	Bois restant
VI Sseu	Feu mélangé
VII Wou	Feu pur
VIII Wei	Feu restant
IX Chen	Métal mélangé

X	You	Métal pur
XI	Su	Métal restant
XII	Hai	Eau préparée

Dans cette liste les branches correspondant au qualificatif « restant » de chaque élément ont comme symbole la Terre. A partir de la branche Yin qui marque le début de l'année chinoise, l'évolution de l'année va en effet se dérouler comme suit :

Saison	Évolution	Branche
Printemps	Bois préparé, il commence à se manifester	Yin III
	Bois pur, il est au maximum	Mao IV
	Bois restant, il retourne à la Terre	Tchen V
Été	Feu préparé, il commence à se manifester	Sseu VI
	Feu pur, il est au maximum	Wou VII
	Feu restant, il retourne à la Terre	Wei VIII
Automne	Métal préparé, il commence à se manifester	Chen IX
	Métal pur, il est au maximum	You X
	Métal restant, il retourne à la Terre	Su XI
Hiver	Eau préparée, elle commence à se manifester	Hai XII
	Eau pure, elle est au maximum	Tse I
	Eau restante, elle retourne à la Terre	Tcheou II

Cette classification, qui intéresse le fonctionnement organique des êtres humains, débouche sur le tableau suivant des correspondances branches terrestres-cinq mouvements.

MOUVEMENTS	BRANCHES TERRESTRES
Bois	Yin III, Mao IV
Feu	Sseu VI, Wou VII
Terre	Tchen V, Wei VIII, Su XI, Tcheou II
Métal	Chen IX, You X
Eau	Hai XII, Tse I

• *Énergies hôtesses et énergies invitées*

Ces énergies servent à déterminer l'énergie normale (énergie hôtesse) durant les différentes saisons ainsi que ses perturbations (énergie invitée).

— Les énergies hôtesses se succèdent au cours de l'année invariablement dans l'ordre suivant :

Tsiue	Yin	vent
Chao	Yin	feu impérial
Chao	Yang	feu ministériel
Tae	Yin	humidité
Yang	Ming	sécheresse
Tae	Yang	froid

Chacune d'elles détermine quatre divisions énergétiques d'une période d'environ quinze jours. Ces périodes correspondent aux différentes phases de la lune : une allant de la nouvelle lune à la pleine lune, l'autre de la pleine lune à la nouvelle lune.

Chaque période est numérotée de 1 à 24 et caractérisée par un nom. Chacune des quatre saisons comprend six de ces périodes.

Périodes	Énergie
1. Grand froid 2. Commencement du printemps 3. Pluie fine de printemps 4. Réveil des vers et des microbes	Tsiue Inn vent
5. Équinoxe de printemps 6. Lumière pure 7. Averses de printemps 8. Commencement de l'été	Chao Inn feu impérial
9. Début de l'époque des inondations 10. Début de l'époque des semailles 11. Solstice d'été 12. Chaleur modérée	Chao Yang feu ministériel

13. Grandes chaleurs 14. Commencement de l'automne 15. Chaleurs sèches 16. Brouillard épais	Tae Win humidité
17. Équinoxe d'automne 18. Brouillard épais et frais 19. Tombée de la rosée 20. Commencement de l'hiver	Yang Ming sécheresse
21. Neige peu abondante 22. Neige abondante 23. Solstice d'hiver 24. Froid peu intense	Tae Yang froid

Les énergies invitées varient selon les années et sont fonction de la branche terrestre qui commande l'année. Il y a deux énergies invitées par année : la première, d'origine céleste, domine la première moitié de l'année ; la seconde, d'origine terrestre, domine pendant les six derniers mois. La détermination des énergies invitées selon les branches terrestres est expliquée dans le *So Ouenn* (chap. 66) et se traduit par le tableau suivant :

BRANCHES TERRESTRES ANNUELLES	ÉNERGIE INVITÉE DES SIX PREMIERS MOIS	ÉNERGIE INVITÉE DES SIX DERNIERS MOIS
Tse (I), Wou (VII)	Chao Yin feu impérial	Yang Ming sécheresse
Tcheou (II), Wei (VIII)	Tae Yin humidité	Tae Yang froid
Yin (III), Chen (IX)	Chao Yang feu ministériel	Tsiue Yin vent
Mao (IV), You (X)	Yang Ming sécheresse	Chao Yin feu impérial
Tchen (V), Su (XI)	Tae Yang froid	Tae Yin humidité
Sseu (VI), Hai (XII)	Tsiue Yin vent	Chao Yang feu ministériel

Union des influences célestes et terrestres

Nous avons défini dans les pages précédentes quelques-uns des différents cycles énergétiques qui animent le cosmos. Certains sont d'origine céleste, d'autres d'origine terrestre et tous ont une influence sur l'homme. Aussi bien la parfaite connaissance des rythmes biologiques doit tenir compte de l'intégration des différents cycles : union des mouvements hôtes et invités, union des énergies hôtes et invitées, union des troncs célestes et des branches terrestres. Cette synthèse est d'autant plus complexe que nous sommes en présence de cycles concernant soit les heures, soit les jours, soit les mois, soit les années et que ces cycles sont parfois à base 5 ou 10 (les mouvements et les troncs célestes), parfois à base 6 ou 12 (les énergies et les branches terrestres), parfois à base de 60 (intégration des cycles des troncs célestes et des branches terrestres).

A titre d'exemple nous donnons ci-dessous les données énergétiques annuelles des quelques années à venir :

L'intérêt de ces cycles est d'expliquer l'état énergétique de l'environnement à un moment donné et de permettre de traiter le déséquilibre d'énergie chez un être humain en tenant compte des influences externes. Néanmoins il faut avouer que leur extrême complexité est un obstacle à leur utilisation commune par chacun de nous d'autant plus qu'il faut tenir compte des combinaisons entre énergies qui, selon les cas, donnent des productions favorables ou défavorables.

Année	Tronc / Branche		Élément		Mois[1] 1 2	3 4	5 6 7	8 9	10 11 12
1982	Tronc-Jen (9)	Grande Mutation	Bois	Mvt hôte	Bois	Feu	Terre	Métal	Eau
				Mvt invité	Bois	Feu	Terre	Métal	Eau
				Énergie hôte	Tsiue Yin	Chao Yin / Chao Yang	Tae Yin	Yang Ming	Tae Yang
	Branche-Su (XI)	Tae Yang		Énergie invitée	Tae Yang		Tae Yin		
1983	Tronc-Kouei (10)	Grand mouvement	Feu	Mvt hôte	Bois	Feu	Terre	Métal	Eau
				Mvt invité	Feu	Terre	Métal	Eau	Bois
				Énergie hôte	Tsiue Yin	Chao Yin / Chao Yang	Tae Yin	Yang Ming	Tae Yang
	Branche-Hai (XII)	Tsiue Yin		Énergie invitée	Tsiue Yin		Chao Yang		
1984	Tronc-Kia (1)	Grand mouvement	Terre	Mvt hôte	Bois	Feu	Terre	Métal	Eau
				Mvt invité	Terre	Métal	Eau	Bois	Feu
				Énergie hôte	Tsiue Yin	Chao Yin / Chao Yang	Tae Yin	Yang Ming	Tae Yang
	Branche-Tse (I)	Chao Yin		Énergie invitée	Chao Yin		Yang Ming		

1. Le premier mois correspond approximativement à février.

En fait, la description de ces cycles énergétiques complexes cherche à nous faire prendre conscience que le cosmos se trouve en perpétuelle mutation et que les rythmes qui l'agitent ont une influence sur nous à laquelle on ne peut échapper. Concrètement, il y a essentiellement trois cycles dont il est facile de se souvenir :

— Un cycle circadien caractérisé par douze périodes de deux heures pendant lesquelles un organe et son méridien connaissent une plénitude d'énergie.

— Un cycle annuel caractérisé par les cinq saisons et leurs correspondances avec les cinq organes.

— Un cycle de soixante ans défini par l'association chaque année d'un tronc céleste et d'une branche terrestre qui déterminent à leur tour les mouvements et les énergies de l'année. Le tableau ci-dessous donne les années du cycle qui se termine actuellement en 1983 et du cycle suivant. Il suffit de se reporter aux tableaux précédents pour retrouver les caractéristiques énergétiques majeures de chaque année.

D'autre part, il faut toujours tenir compte de la différence entre l'état virtuel de l'énergie et son état réel. Cette différence se perçoit au niveau climatique quand le temps qu'il fait ne correspond pas au temps qu'il devrait faire à un moment donné en fonction de la saison. C'est ainsi que l'on peut avoir un printemps pluvieux, un été froid, un hiver doux ou qu'une saison peut être en retard ou en avance. Ces anomalies s'expliquent par les imbrications des différents cycles énergétiques et se traduisent par des énergies perverses qui peuvent attaquer l'organisme et être cause de dérèglements énergétiques produisant, si l'individu ne réagit pas, l'apparition de la maladie.

Branches terrestres		Tse	Tcheou	Yin	Mao	Tchen	Sseu	Wou	Wei	Chen	You	Su	Hai
Troncs célestes	Grande mutation	rat Chao Yin	buffle Tae Yin	tigre Chao Yang	chat Yang Ming	dragon Tae Yang	serpent Tsiue Yin	cheval Chao Yang	chèvre Tae Yin	singe Chao Yang	coq Yang Ming	chien Tae Yang	cochon Tsiue Yin
Kia (1)	Terre	1924 1984		1974 2034		1964 2024		1954 2014		1944 2004		1934 1994	
Yi (2)	Métal		1925 1985		1975 2035		1965 2025		1955 2015		1945 2005		1935 1995
Ping (3)	Eau	1936 1996		1926 1986		1976 2036		1966 2026		1956 2016		1946 2006	
Ting (4)	Bois		1937 1997		1927 1987		1977 2037		1967 2027		1957 2017		1947 2007
Wou (5)	Feu	1948 2008		1938 1998		1928 1988		1978 2038		1968 2028		1958 2018	
Ki (6)	Terre		1949 2009		1939 1999		1929 1989		1979 2039		1969 2029		1959 2019
Keng (7)	Métal	1960 2020		1950 2010		1940 2000		1930 1990		1980 2040		1970 2030	
Tsin (8)	Eau		1961 2021		1951 2011		1941 2001		1931 1991		1981 2041		1971 2031
Jen (9)	Bois	1972 2032		1962 2022		1952 2012		1942 2002		1932 1992		1982 2042	
Kouei (10)	Feu		1973 2033		1963 2023		1953 2013		1943 2003		1933 1993		1983 2043

DEUXIÈME PARTIE

L'art de vivre

L'être humain est caractérisé par une quantité de vie, le sing, réunion du physique et du psychique. Le sing est formé par les énergies du ciel auxquelles la tradition rattache la personnalité et des énergies de la terre qui correspondent à l'individualité. Si un déséquilibre existe entre les énergies du ciel et de la terre, la vitalité faiblit et le sing des êtres diminue.

Afin de tirer le meilleur parti de son sing, l'homme doit se soumettre aux règles traditionnelles de l'art de vivre. Celles-ci concernent son comportement psychique, son alimentation, sa méthode de respiration et les pratiques telles que celles des arts martiaux et de la méditation qui, en Occident, sont réservées à quelques individus isolés mais qui devraient être autant répandues que les sports car elles contribuent puissamment à l'épanouissement psychique et physique. C'est pourquoi nous présentons, dans la deuxième partie de cet ouvrage, les bases fondamentales de cet art de vivre qui est le corollaire indispensable à l'aspect théorique de la manifestation de l'énergie.

VI
Le psychisme

Selon la tradition chinoise, l'être humain constitue une seule entité énergétique et il n'est pas susceptible d'être divisé. Le psychisme ne peut donc en aucun cas être dissocié du physique : l'un et l'autre représentent des manifestations différentes de la même énergie, ils suivent les mêmes lois et ils sont en interdépendance complète comme les deux faces d'une même feuille de papier. Dans le cas de troubles, soit du psychisme soit de l'organisme, il ne saurait être question de traiter l'un sans référence à l'autre ; les principes que notre médecine psychosomatique (à laquelle il faudrait d'ailleurs adjoindre le deuxième qualificatif de somatopsychique) découvre actuellement forment la base de la médecine chinoise depuis des millénaires.

D'un point de vue énergétique, le somatique, le physique, est considéré comme de l'énergie plus manifestée, donc plus Yin. Le psychisme, le mental est de l'énergie moins manifestée, plus subtil, donc plus Yang. Les deux apparaissent de manière virtuelle dès la réunion de l'ovule et du spermatozoïde et ils se développent en subissant des influences de l'environnement, d'abord dans la vie intra-utérine puis après la naissance.

Les entités viscérales ou fonctions psychiques

L'ensemble du psychisme est formé de cinq fonctions, généralement désignées à la suite de Charles Laville-Méry par les termes d' « entités viscérales ». Chacune d'elles se trouve en relation avec un organe et donc avec un élément, et présente des caractéristiques et des manifestations psychiques qui lui sont spécifiques. L'équilibre du psychisme en général provient de l'équilibre mutuel des entités.

La dénomination de ces entités se fait par les termes chinois faute de correspondance exacte avec le vocabulaire occidental.

ÉLÉMENTS	ORGANES	ENTITÉS VISCÉRALES
Bois	foie	Roun
Feu	cœur	Chenn
Terre	rate	I
Métal	poumons	Pro
Eau	reins	Tche

- *Le Chenn*

Son logis est le cœur (Feu).

Le Chenn a deux rôles dans le fonctionnement général du psychisme. D'une part, il est l'entité spécifique du cœur et il possède alors ses propres caractéristiques. D'autre part il assure le rôle de coordinateur de toutes les entités viscérales. Il est dans ce cas à la place suprême qui résulte de la réunion des particularités psychiques de tous les éléments.

En fait le Chenn est le reflet des phénomènes de la nature et son bon fonctionnement est indispensable à l'équilibre psychique. Il a un rôle de centralisateur et de régularisateur des autres entités viscérales.

Le Chenn représente l'intelligence globale, qui synthétise les informations reçues, le jugement, qui découle des références au passé. Tout le psychisme lui est lié et il symbolise la Conscience, la Raison, la Sagesse, l'Amour (non pas dans le sens d'amour passion ou d'amour émotion mais bien d'amour transcendant où l'ego disparaît pour s'unir à l'énergie universelle). Il appartient à part égale au domaine de l'héréditaire et au domaine de l'acquis. Les manifestations extérieures du Chenn sont la joie, le rire, l'affectivité, la recherche spirituelle de l'absolu.

. S'il est en excès, il y a surexcitation mentale, rire inextinguible, dépression par excès de feu et assèchement des liquides nourriciers.

. S'il est en insuffisance, il y a timidité, trac, plaintes continuelles, inquiétude, oubli.

• *Le I*

Son logis est la rate (Terre).

Le I représente la mémoire, c'est-à-dire la faculté de répéter les images dont on a conscience, la concentration de l'esprit, la réflexion, le désir, la compréhension. Il se manifeste dans les habitudes, la répétitivité, les soucis, les idées fixes. Le I appartient surtout au domaine de l'acquis.

. S'il est en excès, il y a tendance à la routine, aux manies, à l'obsession, à la rigidité mentale. Les dépressions par excès se traduisent par une exagération des soucis, de la préoccupation, tristesse et découragement.

. S'il est en insuffisance, il y a perte de mémoire, mauvais travail intellectuel, manque de concentration, distraction, paresse, dégoût de l'activité (absence de désir).

• *Le Pro*

Son logis est les poumons (Métal).

Le Pro représente l'instinct : instinct de conservation et intelligence de la cellule. On le traduit parfois par les termes de « mémoire du futur » car il déduit le futur à partir du passé. Il se manifeste par les pulsions et les répulsions, que ce soit au niveau physique avec les organes des sens, notamment l'odorat, ou au niveau psychique (projection mentale). Il se traduit dans la tristesse, les regrets, les pleurs. Le Pro appartient surtout au domaine de l'héréditaire.

. S'il est en excès, il y a tristesse, crainte du futur, pessimisme, gémissements.

. S'il est en insuffisance, il y a pleurs, perte de l'instinct de conservation (recherche de la mort), sensiblerie, vulnérabilité.

• *Le Tche*

Son logis est les reins (Eau).

Le Tche représente la volonté, la faculté de réalisation, l'esprit de décision, la ténacité. Il se manifeste aussi par la peur viscérale, les gémissements. Le Tche appartient surtout au domaine de l'acquis.

. S'il est en excès, il y a témérité, autoritarisme, obstination.

. S'il est en insuffisance il y a peur viscérale, panique, indécision, gémissement, manque d'autorité, complexe d'infériorité et tendance antisociale.

• *Le Roun*

Son logis est le foie (Bois).

Le Roun représente l'imagition, l'émotion. Il se manifeste aussi par la violence, la colère, les cris, la jalousie. Le Roun appartient surtout au domaine de l'héréditaire.

. S'il est en excès, il y a agressivité, irascibilité, mauvais caractère, somnambulisme.

. S'il est en insuffisance, il y a angoisse, manque d'imagination, incoordination, apathie.

L'ensemble des cinq entités viscérales est soumis, bien entendu, aux lois d'interaction de la théorie des cinq éléments. Néanmoins le rôle de synthèse de Chenn lui donne une place particulière qui se traduit par la possibilité d'agir directement sur chaque fonction psychique.

Les interactions avec les organes

Chaque entité se trouve en relation étroite avec un organe et les manifestations psychiques possèdent de ce fait des traductions physiologiques :

. La colère fait remonter l'énergie vers le haut du corps. Dans les cas graves, elle produit des vomissements de sang ou des diarrhées.

. La joie procure la paix, l'énergie Yong circule aisément.

. L'angoisse provoque une constriction du cœur et une dilatation des poumons. L'énergie du foyer supérieur ne circule plus et l'énergie Yong se disperse peu à peu.

. La peur bloque le foyer supérieur. L'énergie ne peut alors plus passer, elle ne circule plus dans l'organisme et l'on constate des ballonnements du ventre.

. Le surmenage physique provoque une dispersion excessive de l'énergie. Le surmenage intellectuel bloque la circulation de l'énergie.

Ces quelques exemples classiques peuvent être multipliés en utilisant les interactions des cinq éléments. Le *Lin Tchrou* présente ainsi au chapitre 8 plusieurs cas d'attaque d'organe par des manifestations psychiques. L'analyse de ces cas à la lumière de la loi des cinq éléments permet de saisir la complexité des relations psychisme-organe-saison.

. Premier cas : « Si le cœur a trop de soucis ou se déchaîne, le teint s'altère. Le malade, atteint par trop de soucis, mourra en hiver. »

En fait, les soucis correspondent à l'entité viscérale du I, donc à la rate, et leur excès épuisent celle-ci qui se trouve alors en vide. Le cœur, qui est la mère de la rate selon le cycle d'engendrement, va s'épuiser lui aussi pour lui fournir de l'énergie. Pendant l'hiver, les reins vont connaître leur maximum d'énergie et attaquer le cœur, vulnérable puisqu'en vide, selon le cycle Ko de destruction (figure 20).

Il est intéressant de noter comment on peut dans ce cas soutenir l'organe par l'alimentation. Il faudra consommer les aliments spécifiques de la rate et du cœur, mais sans excès pour ne pas provoquer de

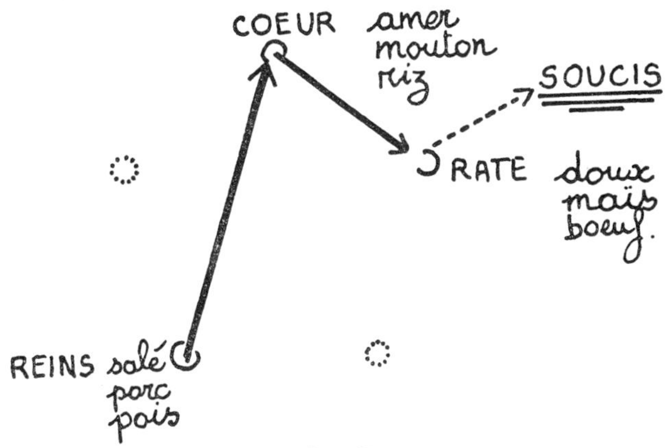

Figure 20

nouvelles carences (voir chapitre « L'alimentation ») : saveur douce, maïs, bœuf pour la rate, saveur amère, riz, mouton pour le cœur. Par contre, il faudra éviter, surtout en hiver, la saveur salée, le porc, les pois qui correspondent aux reins.

. Deuxième cas : « La colère nuit aux reins. Le malade perd la mémoire, il ne peut se courber ni en avant ni en arrière. Il mourra à la fin de l'été. »

La colère correspond au Roun et, en excès, provoque un vide du foie. Les reins s'épuisent pour le soutenir et à la fin de l'été (cinquième saison) la rate dans sa plénitude attaquera les reins (figure 21).

On peut, de la même façon que précédemment, trouver les aliments convenables à une telle situation (notamment éviter la saveur douce correspondant à la rate).

Le *Ling Tchrou* donne encore trois autres cas (pour chacun des éléments) qu'il ne semble pas nécessaire de développer (le processus est semblable).

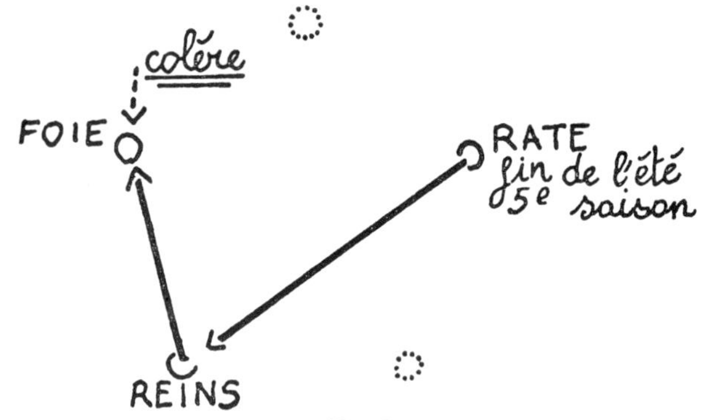

Figure 21

Si les manifestations psychiques peuvent attaquer les organes, elles peuvent aussi se contrôler mutuellement. Il faut pour cela utiliser le cycle Ko (fig. 22).

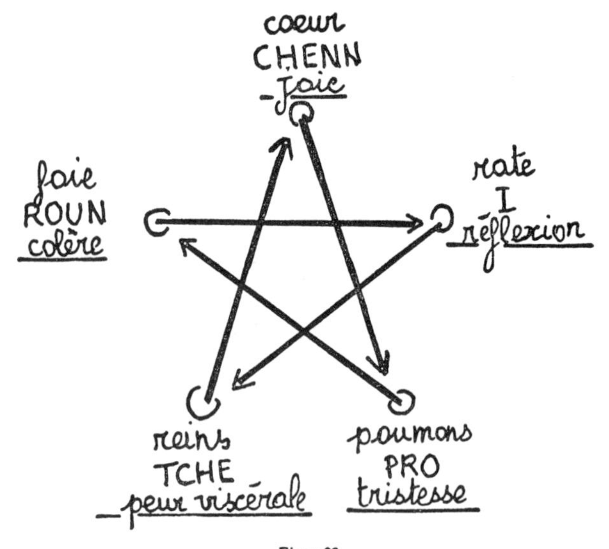

Figure 22

La colère contrôle l'excès de réflexion.
La joie contrôle l'excès de tristesse.
La réflexion contrôle l'excès de peur.
La tristesse contrôle l'excès de colère.
La peur contrôle l'excès de joie.

Ce contrôle peut aussi s'exercer entre manifestation psychique et organe. Néanmoins, si l'organe contrôlé est en vide, le contrôle se transforme alors en attaque et devient une action néfaste.

D'autre part si le psychique peut influer sur le somatique, le somatique influe de la même manière sur le psychique. Le chapitre 43 du *Ling Tchrou* contient ainsi de nombreux exemples des relations entre l'état énergétique des organes et les rêves.

Il est intéressant de citer ce passage pratiquement dans son intégralité.

A propos de l'énergie Yin et Yang :

L'énergie des organes en plénitude : on rêve que l'on traverse la mer, et l'on a peur.

L'énergie Yang extérieure en plénitude : on rêve d'incendie.

Si les énergies Yin et Yang sont toutes deux en plénitude : on rêve de batailles.

La partie supérieure du corps en plénitude : on rêve que l'on vole ; la partie inférieure en plénitude : on rêve que l'on tombe.

A propos des organes en plénitude :

Le foie en plénitude : on rêve que l'on est en colère.

Les poumons en plénitude : on rêve que l'on a peur, que l'on pleure et que l'on vole.

Le cœur en plénitude : on rêve de rires.

La rate en plénitude : on rêve que l'on est très gai, que l'on chante, que le corps est très lourd.

Les reins en plénitude : on rêve que la colonne vertébrale est détachée du corps.

A propos des organes en vide :

Le cœur en vide : on rêve de montagnes, de feux et de fumées.
Le foie en vide : on rêve de forêts.
La rate en vide : on rêve d'abîmes dans les montagnes, d'orages.
Les reins en vide : on rêve que l'on se noie.

A propos des entrailles en vide :

La vessie en vide : on rêve de chants.
L'intestin grêle en vide : on rêve que l'on est dans de grandes villes.
La vésicule biliaire en vide : on rêve que l'on se bat, que l'on est en procès, que l'on se suicide.

De la conception à l'adulte

Au moment de la conception le Chenn (l'Esprit) n'existe que virtuellement. L'ordre d'apparition des différentes entités est le suivant :

Le I	la rate
Le Tche	les reins
Le Chenn	le cœur
Le Pro	les poumons
Le Roun	le foie

La rate, qui est apparue en premier, ne prend sa forme définitive qu'à la fin de ce cycle (qui correspond au cycle Ko).

La formation de l'équilibre psychique se fait en

partie pendant la vie intra-utérine grâce aux informations perçues et enregistrées. Il faut d'ailleurs attirer l'attention sur l'importance de cette période de vie fœtale qui est trop souvent négligée.

La mère devra rechercher l'équilibre physique, par une alimentation, des exercices gymniques et respiratoires appropriés. L'équilibre psychique, dans le couple et avec les relations extérieures, est tout aussi primordial quand on suit les relations profondes de l'organisme et du psychisme.

Toutes les manifestations qui atteignent la mère, que ce soient les stress externes (agitation, bruits) ou internes (émotions diverses) se répercutent sur le fœtus après avoir été plus ou moins temporisées par le Chenn maternel. Les caractéristiques physiques et psychiques du nouveau-né, déjà fortement conditionnées par l'hérédité (l'énergie vitale) seront ainsi influencées par toute la vie intra-utérine. Ajoutons que le Chenn en tant que synthèse du psychisme qui contrôle l'ensemble de ses mécanismes n'est que virtuel pendant la gestation. Les traumatismes qui atteignent telle fonction psychique ne peuvent donc être maîtrisés par le Chenn comme ils le seront plus tard.

A la naissance le Roun et le Pro dont le caractère héréditaire est majoritaire et dont les manifestations spécifiques auront été conditionnées par les phénomènes stressants de la vie intra-utérine, ne pourront être contrôlés que par le Chenn, qui dirige l'ensemble du psychisme, et influencé par le I et le Tche dont le caractère est plus acquis qu'héréditaire. Le Roun (l'imagination — l'émotion) et le Pro seront donc déterminants pour la tendance psychique générale d'un individu.

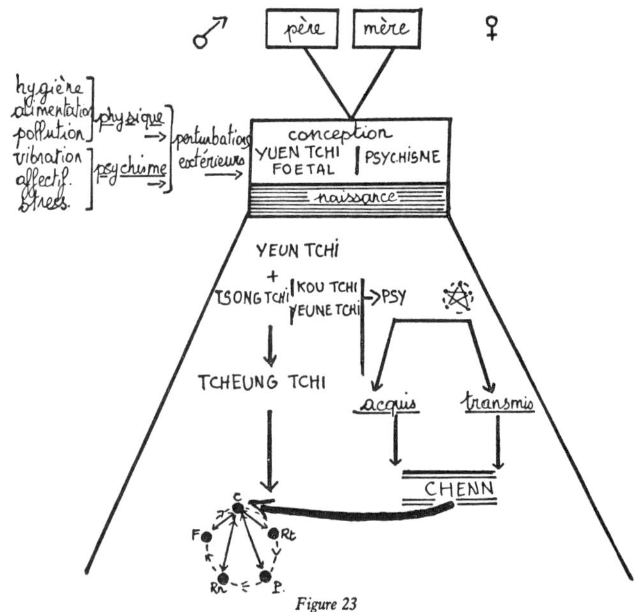

Figure 23

D'autre part, les fonctions psychiques prépondérantes peuvent se combiner entre elles pour donner différents types psychiques. Prenons l'exemple du Roun, l'imagination. S'il est associé à un I, réflexion, en excès, on constatera une imagination basée sur la répétitivité.

Par contre, si le Roun est associé à un I et à un Pro de façon harmonieuse, on aura la synthèse : imagination + réflexion + instinct (mémoire du futur). L'imagination pourra structurer ses images à partir du passé et les projeter dans le futur ; elle deviendra créatrice. Quand on ajoute à ces trois éléments le Tche (la volonté) et le Chenn (la raison, la morale), la créativité peut alors s'accomplir.

Le Roun et le Pro permettent aussi de définir deux grandes tendances psychiques que l'on retrouve chez tous les individus : la tendance à l'extériorisation, plus Yang, et la tendance à l'intériorisation, plus Yin. La première correspond à l'aspiration du Roun, la seconde à l'aspiration du Pro. Elles se manifestent par des troubles du comportement si elles ne sont pas dirigées par les autres entités, notamment le Chenn.

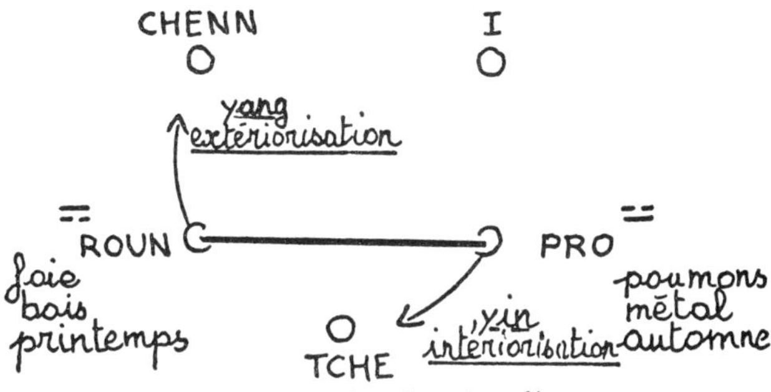

24. Les deux grandes tendances du psychisme

Si le Roun est en excès, le phénomène d'extériorisation se traduira par de l'agressivité, de la méchanceté, des flambées colériques. Toutes ces manifestations sont aggravées par la faiblesse du Chenn et elles expliquent certains phénomènes paroxysmiques chez l'enfant car son Chenn n'a pas encore reçu assez d'informations. De plus le I et le Tche (désir et volonté) peuvent nourrir la colère du Roun.

Si le Roun est en vide, le phénomène d'extériorisation ne se produira pas, sans pour autant qu'apparaisse une tendance à l'intériorisation qui dépend du Pro. L'individu sera alors un être « falot », avec peu d'imagination et une petite vue des choses.

Chez l'adulte, l'excès ou l'insuffisance du Roun

peuvent être maîtrisés par un Chenn normal qui a reçu suffisamment d'informations. La morale et la sérénité peuvent, selon les cas, freiner l'excès d'extériorisation ou compenser son absence. Par contre, si le Chenn lui-même est en excès, il y aura tendance à l'absolutisme, au mysticisme. Cette tendance sera d'autant plus poussée que le Roun présentera une plénitude. Et si le Roun manifeste des carences, la tendance tournera au raisonnement et jugement froid et poussé.

La problématique du Pro dont l'inclinaison naturelle est de s'enfermer dans le Yin, donc vers l'intériorisation, est évidemment du même type. Le Chenn jouera ici un rôle encore plus important car il a une action directe sur le Pro par l'intermédiaire du cycle Ko. Les caractéristiques de la tendance à l'intériorisation quand elles ne sont pas contrôlées par le Chenn sont les mêmes que celles qui définissent l'excès et l'insuffisance du Pro.

Dans les deux cas, le rôle du Chenn apparaît comme primordial. Sa formation est tant héréditaire qu'acquise. Le rôle de la famille, de l'éducation, de la société qui fournissent les informations, facilitent leur intégration et donnent la possibilité de leur synthèse, prend alors toute son importance.

Notons enfin que les maîtres spirituels traditionnels (et cela est vrai aussi dans les arts martiaux) prennent toujours soin de rééquilibrer les tendances excessives à l'extériorisation ou à l'intériorisation des disciples qui s'engagent dans une voie spirituelle.

VII
L'alimentation

Les règles diététiques issues des principes de la médecine chinoise sont beaucoup plus proche du « bon sens » et des modes d'alimentation traditionnels que des régimes plus ou moins farfelus qui fleurissent de nos jours. Néanmoins, ces règles peuvent nous apporter beaucoup dans la mesure où elles conçoivent les régimes alimentaires comme une véritable conduite de l'énergie qui tient compte de toutes les lois cycliques énoncées auparavant.

Il faut rappeler en effet que l'énergie alimentaire, Kou Tchi, dépend de la qualité et de la quantité de nourriture et que, de ce fait, notre être entier pris du point de vue énergétique, que ce soit l'aspect physique ou l'aspect psychique, en dépend. Ainsi, par l'intermédiaire de la loi du Yin/Yang, de celle des cinq éléments, ou des rythmes biologiques, une nourriture peut aussi bien provoquer des perturbations énergétiques qu'aider au rétablissement des déséquilibres antérieurs.

Pour cela il faut tenir compte des incidences de ces lois sur le choix des aliments (en fonction des cinq saveurs et de leur qualité Yin/Yang) et sur les heures ou les saisons d'absorption (les rythmes biologiques). De plus, chacun doit prendre en considération les impératifs liés à sa propre situation. Il est évident que le lieu d'habitation, la profession, le sexe, la constitution physiologique, les habitudes liées à l'éducation jouent un rôle primordial dans la composition des aliments.

Une telle évidence est malheureusement loin d'être admise par tous puisque l'on assiste à une surenchère de régimes qui proposent une alimentation standard soi-disant valable, à quelques adaptations près, pour n'importe qui. L'interprétation la plus courante de la macrobiotique, qui se dit pourtant fondée sur la tradition extrême-orientale, se présente ainsi comme une doctrine dogmatique qui ignore les mutations perpétuelles qui animent l'univers.

En fait, on peut affirmer qu'il n'y a pas de règles absolues qui puissent déterminer tel ou tel régime. Il faut plutôt rechercher une harmonie dans la nourriture afin de permettre à l'être humain de s'adapter au mieux à son environnement. Dans ces conditions il ne nous est possible que de présenter certaines lois qui constituent autant de critères à partir desquels chacun doit établir son propre mode de nourriture.

Les cinq saveurs

Les cinq saveurs et les correspondances qu'elles entretiennent avec les organes selon la doctrine des cinq éléments constituent le fondement de la diététique chinoise. Leur principe permet de stimuler ou de tempérer les organes, que ce soit directement ou par l'intermédiaire des différents cycles de la loi des cinq mouvements. De plus, chaque saveur possède aussi sa propre spécificité : par exemple l'action dispersante du piquant ou l'action collectrice de l'amer.

Rappelons tout d'abord les correspondances des saveurs avec les organes :

Bois	foie vésicule biliaire	→	aigre-acide	→	sulfate de magnésium
Feu	cœur intestin grêle trois foyers constricteur du cœur	→	amer	→	chlorure de magnésium
Métal	poumons gros intestin	→	piquant âcre	→	chlorure de potassium
Terre	rate estomac	→	doux	→	chlorure de calcium
Eau	reins vessie	→	salé	→	chlorure de sodium

En général la saveur correspondante à l'organe tonifie celui-ci et elle lui est bénéfique s'il est en vide. Au contraire, si l'organe est en plénitude, la saveur correspondante lui sera néfaste et elle attaquera aussi l'organe dont il triomphe selon le cycle Ko.

La saveur aigre-acide (dans les aliments ou les tisanes) aura par exemple une action salutaire sur un foie peu actif mais elle provoquera une réaction nocive si le foie est tendu et, par la suite, blessera la rate.

	SAVEUR SPÉCIFIQUE	SAVEUR RÉGULATRICE
Foie (vésicule biliaire)	aigre-acide	doux
Cœur (intestin grêle)	amer	âcre-piquant
Rate (estomac)	doux	salé
Poumons (gros intestin)	âcre-piquant	aigre-acide
Reins (vessie)	salé	amer

D'autres saveurs peuvent, en revanche, agir sur un organe en excès. Le tableau ci-dessus donne pour chaque organe les saveurs spécifiques qui les tonifient et les saveurs régulatrices qui les calment quand ils sont en excès.

Les correspondances entre les organes et les aspects physiologiques qui en dépendant permettent aussi d'établir d'autres relations. La règle générale est que la saveur correspondante à un groupe d'entités physiologiques nuit à celles-ci, si elle est absorbée en excès. Par la suite, les aspects physiologiques rattachés à l'élément qui suit dans le cycle Ko (figure 25) seront eux aussi attaqués.

— L'aigre-acide est en relation avec les muscles (par l'intermédiaire du foie). L'excès d'aliments ou de tisanes de cette saveur provoque des contractures.

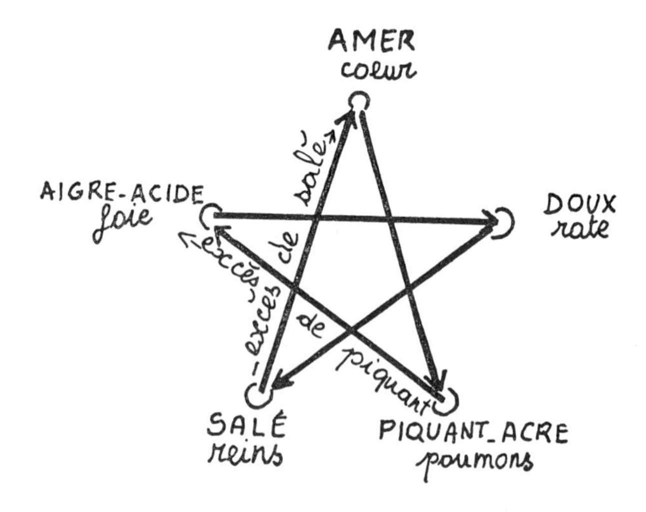

25. Les interactions des saveurs selon le cycle de destruction

— Le salé est en relation avec le sang (par l'intermédiaire des reins). L'excès d'aliments ou de tisanes de cette saveur provoque un ralentissement de la circulation sanguine. De plus l'estomac est obligé de sécréter davantage de liquide et de ce fait engendre la soif.

— Le piquant est en relation avec l'énergie (par l'intermédiaire des poumons). L'excès d'aliments ou de tisanes de cette saveur nuit à l'énergie.

— L'amer est en relation avec les trois foyers. L'excès d'aliments ou de tisanes de cette saveur empêche le bon fonctionnement des trois foyers. L'énergie repousse cet excès d'amertume et provoque ainsi des vomissements.

— Le doux est en relation avec l'estomac. L'excès d'aliments ou de tisanes de cette saveur rend l'estomac hypotonique et le foyer supérieur est perturbé.

Les exemples donnés ci-dessus sont ceux qui, à l'expérience, apparaissent les plus fréquents. D'autres relations peuvent néanmoins s'établir à partir du tableau récapitulatif des cinq éléments (voir p. 48).

Certains aliments sont aussi en relation avec les organes. Dans ce cas leur effet (stimulant ou calmant) est de même type que celui des saveurs : stimulant sur l'organe correspondant donc nocif quand il y a excès.

Nous donnons ci-dessous quelques exemples d'aliments spécifiques d'organes. Cette liste pourrait sans doute être allongée mais il s'avère difficile d'établir des correspondances certaines dans la mesure où beaucoup d'aliments présentent des affinités avec plusieurs organes. C'est pourquoi on peut émettre quelques doutes sur les correspondances publiées par certains auteurs.

Foie (vésicule biliaire) : chien [1], volaille, blé, prune aigre, vinaigre, mauve, bardane.

Cœur (intestin grêle) : mouton, riz, fruits amers, café, chicorée, ail, pissenlit.

Rate (estomac) : bœuf, millet, orge, maïs, poireau, datte, pomme, sucre, sept aromates.

Poumons (gros intestin) : cheval, avoine, pêche, piment, échalote, lotus.

Reins (vessie) : porc, sarrasin, soja, pois, haricot, oignon, sel, châtaigne.

Notons que ces aliments ont un effet adoucissant sur l'organe qui triomphe de leur élément spécifique selon le cycle Ko [2] :

— Si le foie est en excès, il faut consommer les aliments attribués aux poumons.

— Si le cœur est en excès, il faut consommer les aliments attribués aux reins.

— Si la rate est en excès, il faut consommer les aliments attribués au foie.

— Si les poumons sont en excès, il faut consommer les aliments attribués au cœur.

— Si les reins sont en excès, il faut consommer les aliments attribués à la rate.

La loi des cinq saveurs permet aussi d'affirmer deux énoncés. D'une part, à moins de maladies graves nécessitant un tel choix, il ne faut pas supprimer complètement une saveur et les aliments correspondant à un organe. Une telle situation entraîne automatique-

1. Le chien était autrefois consommé en Extrême-Orient. Malgré sa valeur énergétique nous ne donnons évidemment cet exemple qu'à titre documentaire.

2. Il faut aussi tenir compte de la saison et de ses correspondances avec les saveurs et les organes (voir plus loin).

ment un déséquilibre dans le cycle des cinq mouvements où tous les éléments participent à l'harmonie générale. D'autre part, le régime équilibré est celui qui assure une part égale à chaque saveur. C'est pour cela que le terme de « cinq saveurs » désigne en Extrême-Orient le plat le plus parfait où toutes les saveurs sont présentes sans que l'on puisse en distinguer de particulière. Le même terme est aussi employé de façon poétique pour évoquer l'harmonie réalisée comme dans ce verset du sutra bouddhique « Hokyo Zan Maï[1] » : « Comme les cinq goûts de la plante chisso » qui désigne la sagesse de Bouddha.

Le Yin et le Yang dans l'alimentation

Certains régimes diététiques récents en Occident ont introduit la notion du Yin/Yang dans l'alimentation (la macrobiotique notamment). C'est ainsi que les aliments ont été rangés dans de longues listes soulignant leur appartenance à la catégorie Yang ou à la catégorie Yin et que des principes simples ont été érigés au niveau de dogmes qu'il suffit de suivre sans réfléchir : pour un déséquilibre tendant vers le Yin il faut du Yang, pour un déséquilibre tendant vers le Yang il faut du Yin. Sans entrer dans une polémique, nous voudrions ici donner quelques éléments de réflexion qui montrent le caractère relatif et subtil de la théorie du Yin/Yang qu'on ne saurait utiliser si simplement sans interprétation abusive.

1. Traduction de ce sutra dans Taisen Deshimaru, *La Pratique du Zen*, Albin Michel, coll. « Spiritualités vivantes ».

Il faut tout d'abord rappeler, et cela est valable dans tous les domaines, que l'énoncé « l'excès de Yin est corrigé par l'apport de Yang et l'excès de Yang est corrigé par l'apport de Yin » répond à une compréhension sommaire et dualiste de la loi du Yin/Yang. Le *So Ouenn* explique que « pour régler ces deux énergies Yang et Yin, il faut connaître les sept sortes d'influences nuisibles et les huit sortes d'influences bénéfiques, sinon on peut provoquer un épuisement rapide de l'énergie » (chap. V). Ainsi l'utilisation du Yin/Yang pour corriger un excès ou un vide de l'un ou l'autre doit tenir compte de la saison, du climat réel, du type de région, de la constitution de la personne et du caractère aigu ou chronique de la perturbation énergétique.

De plus, selon les cas, un excès de Yin peut attaquer le Yin ou le Yang et il en est de même pour le Yang. Il faut en effet toujours subdiviser le Yin en Yin de Yin et Yin de Yang, et le Yang en Yang de Yang et Yang de Yin pour pouvoir manier avec justesse leur principe dans le contrôle de l'énergie. Un organe de nature Yin peut présenter par exemple une plénitude Yang et un vide de Yin alors qu'un organe de nature Yang peut présenter une plénitude de Yin et un vide de Yang.

On comprend dans ces conditions que l'utilisation du Yin/Yang ne puisse se réduire à une simple dichotomie. Une affection de type Yang peut parfois nécessiter un apport de Yang tout comme il est de coutume de boire des boissons chaudes dans les pays chauds. Toute généralisation demeure donc abusive.

Malgré ces restrictions, il reste possible d'analyser la nourriture à la lumière du Yin/Yang. En premier lieu le *So Ouenn* (chap. V) précise que dans la nourriture la saveur est Yin et l'énergie Yang. Il nous dit aussi que

« la nourriture (de saveur) forte est Yin ; celle qui est moins forte est Yin dans le Yang. L'énergie qui est forte Yang ; l'énergie moins forte est Yang dans le Yin. » Le résumé de cet énoncé donne le tableau suivant :

Yang	Énergie plus forte	→ Yang de Yang
	Saveur moins forte	→ Yin de Yang
Yin	Énergie moins forte	→ Yang de Yin
	Saveur plus forte	→ Yin de Yin

Il faut donc distinguer dans un aliment entre sa saveur et son énergie.

Les cinq saveurs peuvent être classées selon leur caractère relatif plutôt Yin ou plutôt Yang, tout en restant dans le Yin car la saveur est Yin.

Ainsi la saveur piquante, liée aux poumons, et la saveur douce, liée à la rate, s'exhalent et se transforment en Yang. Elles se placent donc dans le Yin de Yang.

Les saveurs aigre-acide, liées au foie, et amères, liées au cœur, descendent et vont dans le Yin. Elles se placent donc dans le Yin de Yin.

Quant au salé, présenté généralement comme symbole de la nourriture Yang, il apparaît qu'il possède les deux tendances. Le salé appartient en effet aux reins dans lesquels il faut distinguer le rein droit qui est plus sanguin, plus Yin, et le rein gauche qui est plus énergétique, plus Yang. Le salé peut être ainsi décomposé en deux saveurs : amer donc Yin et piquant donc Yang.

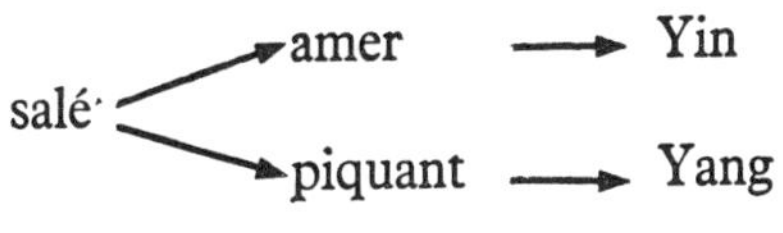

Au niveau des interactions entre les organes selon le cycle Ko, l'attaque des reins sur le cœur pourra de ce fait être diminuée en deux : attaque du rein gauche (Yang) sur le constricteur du cœur (fonction du cœur qui se rapporte à la vasomotricité et au sang, donc plus Yin) et attaque du rein droit (Yin) sur le cœur (partie se rapportant à l'énergie et au muscle cardiaque, donc plus Yang (figure 26).

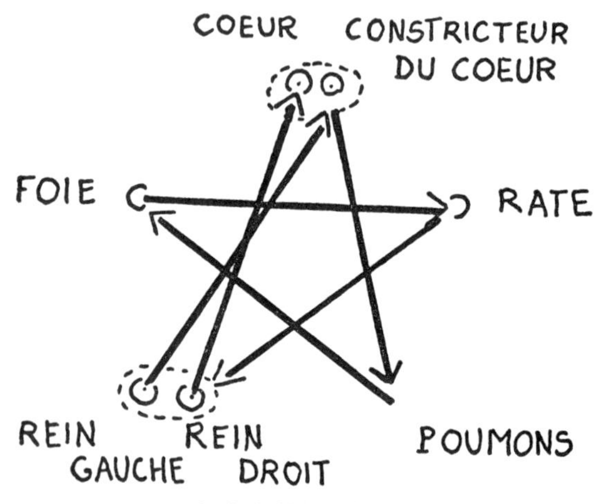

26. La double action du salé

Cette répartition des saveurs permet de préciser le caractère néfaste qu'elles peuvent manifester. En effet le *So Ouenn* écrit que l' « excès de Yin rend les Yang malades ». Si l'on se réfère au tableau précédent, l'excès de saveur, donc de Yin, attaque le Yang de la façon suivante :

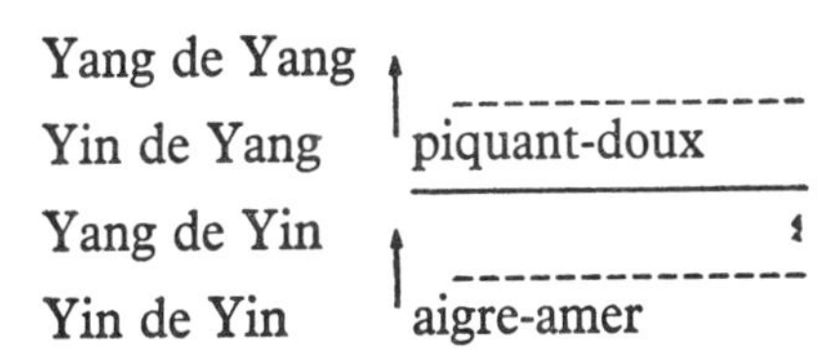

D'autre part cette subdivision du Yang et du Yin correspond à une localisation des différentes couches de l'organisme. Au Yang de Yang correspondent les couches les plus superficielles telles que la peau ou les cheveux ; au Yin de Yin correspondent les couches les plus internes telles que l'énergie profonde des organes. Les autres couches se répartissent entre ces deux extrêmes.

C'est ainsi que l'excès d'une saveur aura une répercussion différente sur l'organisme selon son appartenance définie plus haut.

— Le piquant et le doux se manifestent dans le Yin de Yang et, en excès, ils attaqueront le Yang de Yang, c'est-à-dire les couches les plus superficielles de l'organisme. Par exemple :

— L'excès de piquant déséquilibrera les poumons et ce déséquilibre apparaîtra au niveau de la peau (qui est régie par les poumons).

— L'excès de doux déséquilibrera la rate et se manifestera par des nausées (ou encore un excès de sucreries se traduira par de l'acné).

— L'aigre-acide et l'amer se manifestent dans le Yin de Yin et, en excès, ils attaqueront le Yang de Yin, c'est-à-dire des couches relativement profondes de l'organisme.

— L'excès d'amer déséquilibre le cœur et entraîne des problèmes cardio-vasculaires.

— L'excès d'aigre-acide déséquilibre le foie et agit sur les muscles.

— Le problème du salé est différent puisque selon une faiblesse initiale du rein gauche ou du rein droit, le déséquilibre atteindra soit le constricteur du cœur, soit le cœur.

Horaires et saisons

Le choix des aliments et des saveurs ne sont évidemment pas les seuls critères déterminants d'un mode d'alimentation. Tout ce qui concerne l'horaire des repas, ainsi que l'attention portée à la saison en cours, sont aussi des facteurs d'importance, notamment dans la tradition chinoise qui a développé depuis longtemps l'étude des rythmes biologiques.

Ainsi, nous l'avons vu, les organes possèdent chacun leur heure spécifique où l'on note un afflux d'énergie dans leur méridien. Si l'organe est en plénitude et que l'on absorbe des aliments qui le stimulent trop, il peut alors se produire des perturbations importantes, blocage de l'énergie, à l'heure dite.

Certaines difficultés d'endormissement ou de réveil dans la nuit peuvent provenir par exemple de perturbations aggravées aux heures de plénitude[1] des organes : la vésicule biliaire entre 23 et 1 heure, le foie entre 1 et 3 heures, les poumons entre 3 et 5 heures.

De plus, le blocage d'énergie au niveau d'un organe entraîne un vide dans l'organe qui lui succède selon l'ordre de circulation de l'énergie : un blocage au

1. Il s'agit, précisons-le une fois encore, d'heures solaires.

niveau de la vésicule entraîne un vide du foie, un blocage au niveau du foie entraîne un vide des poumons, etc.

Sur ce problème du sommeil il est donc conseillé de ne manger ni trop ni trop tard le soir et surtout pas des aliments qui stimulent les organes en plénitude naturelle la nuit. D'ailleurs, la nourriture absorbée trop tard a tendance à perturber le fonctionnement des trois foyers et de ce fait à porter atteinte à la qualité et la quantité de l'énergie Yang.

En fait, les horaires d'alimentation doivent respecter les variations énergétiques au cours de la journée. Ainsi, un petit déjeuner de bonne qualité situé entre 5 et 7 heures (tenir compte du décalage horaire) est important pour aider la montée énergétique au début de la phase de préparation.

Le déjeuner, accompagné d'un temps de repos, est nécessaire pour soutenir la montée énergétique. Il devrait se placer relativement tôt, entre 11 et 13 heures. Notons que cette constatation est contraire aux habitudes de certains pays (Angleterre notamment) et aux rythmes de travail telle la journée continue, de plus en plus répandue actuellement.

Enfin, le dîner doit être léger puisqu'il se situe au début de la phase de repos qui ne requiert pas d'effort énergétique.

Toutes ces règles sont à moduler selon les considérations externes telles que la profession (travailleurs de nuit, etc.).

L'attention portée au déroulement du temps au cours de l'année, aux saisons, se traduit notamment au niveau du choix des aliments. Dans ce domaine les règles élémentaires sont beaucoup plus simples et rejoignent les indications de toute diététique soumise au bon sens. Il faut évidemment consommer en priorité les produits de la saison qui sont le meilleur gage de l'adaptation à l'ordre universel.

Néanmoins, les saisons peuvent comporter des perturbations climatiques et être, soit en retard, soit en avance. Il faut donc interpréter la loi générale et corriger les influences néfastes apportées par ces perturbations. Dans ce cas on peut être amené à consommer des produits d'hiver pendant l'été, pour se prémunir contre les énergies perverses si cet été est très froid.

Environnement et adaptation

Les règles générales énoncées dans les pages précédentes ne sauraient être complètes si l'on n'insistait pas sur l'importance à accorder à l'environnement, qu'il soit géographique, climatique ou professionnel, social, etc. La vertu première de la diététique chinoise est en effet l'adaptation ; les caractéristiques de l'environnement jouent donc un rôle fondamental dans le mode d'alimentation.

Du point de vue de la localisation géographique, il est évident, par exemple, que les personnes habitant au bord de la mer ou à la montagne n'ont pas besoin de la même nourriture. Notons au passage que les régimes diététiques proposés dans les magazines ne prêtent généralement pas beaucoup d'attention à cette évidence.

Toutefois, l'excès inverse qui considérerait qu'il ne faut pas consommer de produits de la mer en montagne et inversement conduit aussi à de graves déséquilibres. La loi des cinq éléments précise la nécessité de la présence de chaque élément. C'est pourquoi à des époques (ou dans des régions) qui ne connaissaient pas les moyens de transport et le commerce modernes, des carences graves pouvaient affecter des populations entières. Il faut donc consommer en priorité les aliments de la région, avec les modes de préparation traditionnels, mais en compensant les déséquilibres probables par l'apport d'autres produits (apport d'iode dans les pays de montagne, par exemple).

Le climat de la région considérée entre aussi en jeu. Il n'est pas la peine d'insister longuement sur la diversité des aliments qui conviennent aux régions froides, tempérées ou tropicales. En général, aux régions froides correspond le chaud (plats chauds, soupes), aux régions chaudes correspond le froid (crudités, salades). Là encore, il n'y a pas d'absolu (c'est la dialectique du Yin/Yang) et l'on trouvera de la nourriture froide dans les pays froids et chaude dans les pays chauds.

Prenons l'exemple des régions chaudes où la chaleur (Yang) provoque la transpiration (de caractère plus Yin). Celle-ci sera d'autant plus importante que le Yang de l'organisme sera attaqué (faiblesse). Pour éviter une dispersion du Yin, le chaud sera alors recommandé car il tonifie le Yang.

La qualité des aliments et des ustensiles de cuisine conditionne aussi la valeur énergétique de l'alimentation. Il faut éviter autant que possible les produits issus des cultures employant des adjuvants chimiques (engrais, pesticides) qui détériorent leur qualité énergétique. De même, il faut utiliser des plats en terre cuite, des pots en grès de préférence à certains métaux industriels.

Le cadre du repas et la présentation des plats sont aussi des éléments déterminants pour la bonne intégration de l'énergie. Un repas de grande série, pris à la « va vite » dans une atmosphère bruyante, ne produira pas la valeur énergétique que les mêmes aliments cuisinés avec concentration et amour, et absorbés calmement dans un cadre détendu.

Certes, les conditions de vie imposées par la vie moderne vont à l'encontre de tous ces principes et il n'est pas toujours facile de les mettre en application. L'effectif de la population dans les grandes agglomérations empêche d'accéder à des produits locaux et frais qui, par l'intermédiaire du commerce et des cultures industrielles, ont été remplacés par des aliments d'importation cultivés pour la plupart avec des méthodes antinaturelles. Manger des produits de saison ne veut plus dire grand-chose quand bien même on sait distinguer, ce qui n'est plus toujours le cas, les différentes saisons et leurs anomalies climatiques.

De plus, le style de vie (petits appartements dans de grands immeubles, télévision, etc.) et le manque de temps ont bouleversé les traditions, et respecter les horaires des repas conformes aux rythmes physiologiques est devenu pour beaucoup un tour de force.

L'alimentation demeure pourtant un élément fondamental du savoir-vivre car la qualité de la nature influe sur notre entité énergétique. Malgré toutes les difficultés, il apparaît donc vital pour le développement personnel de l'être humain que celui-ci prête le minimum d'attention à son alimentation.

Cette attention ne veut pas dire pour autant qu'il

faille souscrire sans réflexion à un régime alimentaire préétabli et dogmatique. Au contraire, la variété et la création dans le domaine de la nourriture, comme dans tous les autres, sont des facteurs qui permettent d'accroître le développement biologique de chacun. Il suffit que cette variété respecte les grandes lois cosmiques et s'adapte aux conditions spécifiques de chaque personne.

Selon l'âge et le sexe, l'activité, mentale ou physique, l'environnement, urbain ou campagnard, la constitution physiologique et les habitudes alimentaires issues de l'éducation, chacun doit donc créer son alimentation tout en connaissant et respectant les lois fondamentales des cinq éléments et du Yin/Yang.

Enfin, il est nécessaire de rappeler que, si l'alimentation se rapporte aux produits absorbés par la voie buccale, il existe aussi d'autres nourritures transmises par les organes des sens qui influent sans cesse sur notre entité-énergie. Toucher, odorat, ouïe, vue nous transmettent ainsi des vibrations à partir de corps solides, de gaz, d'ondes sonores, d'ondes lumineuses qui participent à notre vie et constituent le fondement de la relation entre notre être et l'environnement.

VIII
La respiration

En Occident, la respiration reste considérée avant tout comme une fonction qui se réfère à des mouvements favorisant des échanges gazeux et donc localisée principalement au niveau thoracique. Certes, pour certains, la pratique des techniques corporelles a permis une connaissance plus approfondie de la mise en jeu de certains groupes musculaires, soit pour l'inspiration, soit pour l'expiration, soit quant à l'application de respirations spécifiques en fonction de certaines disciplines. Cependant la respiration est toujours restée attachée à l'image de ventilation pulmonaire. Le meilleur exemple à cet égard réside dans les techniques respiratoires utilisées dans les milieux sportifs où seule la partie haute du corps entre en jeu.

On pourra nous rétorquer que l'usage de la respiration abdominale commence à se répandre dans quelques milieux spécialistes des thérapies nouvelles occidentales (relaxation, psychothérapie). Cela est vrai mais une telle respiration a été introduite justement en grande partie grâce à la diffusion des techniques orientales et il n'y a guère, peut-être, que dans les techniques peu connues de certains ordres monastiques que des disciplines élaborées liées à la respiration ne soient pas d'introduction récente.

En Orient, tant en Inde d'ailleurs, qu'en Chine ou au

Japon, une conception plus large du phénomène de la respiration s'est développée en relation intime avec une vision globale de l'homme et de l'univers. En fait le problème de la respiration dépasse même une simple question de bon fonctionnement de l'appareil respiratoire tel qu'on le conçoit en Occident mais il est en liaison avec la circulation de l'énergie dans tout le corps, c'est-à-dire qu'il a une incidence sur l'harmonie des organes entre eux par la loi des cinq mouvements et sur l'équilibre énergétique de l'organisme en général. Au-delà de cette fonction, la respiration est aussi en relation avec la conscience, d'où un rôle fondamental dans toutes les disciplines spirituelles. Notons enfin qu'elle s'intègre dans la vision cosmologique traditionnelle car la respiration est une manipulation du souffle donc de l'énergie.

Ce rapport souffle-énergie fournit la meilleure approche du phénomène de la respiration tel qu'il est considéré en Extrême-Orient. Nous avons souligné plus haut que ces deux termes ont servi à traduire en français le même idéogramme : Tchi, montrant par là que deux idées que nous exprimons en deux mots différents s'associent dans le même concept en Chine. Aussi bien la respiration qui, en Occident, est principalement reconnue comme un échange entre les êtres vivants et l'air de l'environnement, devient, en Extrême-Orient, un échange d'énergie entre l'environnement et les êtres, et aussi une combinaison des énergies internes à l'intérieur même de chaque être. Dans la mesure où l'être entier n'est qu'énergie, la pratique de la respiration devient donc le théâtre privilégié des mutations énergétiques.

Les rôles de la respiration

Au niveau de la physiologie chinoise que nous avons détaillée dans les premiers chapitres, la respiration joue un rôle pratiquement à tous les niveaux. Sa fonction est, bien sûr, d'assurer l'absorption d'air pur et de rejeter l'air vicié. Néanmoins, les termes employés pour décrire cette fonction démontrent déjà une analyse différente de celle que nous connaissons. Plutôt que d'air pur et d'air vicié, c'est en fait d'absorption des énergies du ciel sous la forme de Yeung Tchi (énergie de l'air) et de rejet d'énergies impures qu'il faut parler.

Par ailleurs, la respiration s'intègre au mécanisme des trois foyers qui représentent la véritable centrale énergétique de tout l'organisme. Ainsi une bonne respiration favorise l'union de Yeung Tchi (l'air absorbé) avec Kou Tchi (l'énergie des aliments) et donc la formation de Tsong Tchi, l'énergie essentielle.

Plus encore, la respiration profonde descend au niveau du foyer inférieur où, d'une part, elle favorise la production d'énergie défensive Oé et, d'autre part, elle intervient sur l'énergie ancestrale Yuen Tchi. Cette intervention est fondamentale car elle met en mouvement cette énergie ancestrale, réservoir de toutes les potentialités de l'être humain. Ainsi la respiration se trouve mêlée à toute la production énergétique des trois foyers, non seulement au niveau de l'absorption et du rejet mais aussi à celui de la mystérieuse alchimie qui s'opère entre énergies externes, énergie originelle, et énergie de défense et de nutrition du corps.

Ce rôle de la respiration sur la circulation de l'énergie à l'intérieur des trois foyers a une conséquence directe sur l'état énergétique des organes. Une respiration appropriée favorise le fonctionnement normal des organes dans leur tâche spécifique tandis qu'une mauvaise introduit des dérèglements. La loi des cinq mouvements et les relations entre les organes et leurs entités viscérales confèrent alors un rôle à la respiration qui dépasse le cadre de ce que nous lui accordons généralement.

Enfin, la respiration se trouve liée au problème de la conscience. Ce lien est attesté par toutes les ascèses et méditations qui utilisent des méthodes respiratoires. Il peut être mis en valeur par l'intermédiaire de l'action de la respiration sur Yuen Tchi, l'énergie essentielle comme le montre, entre autres, ce passage de Maspero sur les techniques taoïstes :

> En conduisant le souffle aspiré par le nez à travers le corps jusqu'au ventre où il se mêle à l'Essence, et en le faisant remonter par la moelle épinière jusqu'au cerveau, on renforce l'union du Souffle et de l'Essence et on nourrit l'Esprit[1].

De plus, on peut considérer que son rôle sur la régulation énergétique des organes agit sur leurs entités viscérales, et assure de ce fait un état de conscience le moins soumis possible aux pulsions dues aux dérèglements organiques.

Quelques méthodes de respiration

Il n'est pas de notre propos de développer les différentes méthodes de respiration utilisées en

1. H. Maspero, *op. cit.*, p. 45.

Extrême-Orient, que ce soit par les yogis hindous, les adeptes du taoïsme ou les moines bouddhistes. Le propre de ces méthodes reste en effet la nécessité de les apprendre sous la conduite d'un maître et leur pratique sans la direction d'une personne autorisée peut s'avérer extrêmement dangereuse en créant des désordres physiologiques et psychiques. De plus, nous pensons qu'il vaut mieux adopter une méthode simple, naturelle et efficace au point de vue énergétique comme celle que nous décrirons plus loin, que de s'encombrer d'une multitude de techniques à la finalité douteuse [1].

Malgré ces restrictions il nous a paru intéressant de signaler au lecteur l'existence en Extrême-Orient de techniques respiratoires très élaborées dont on ne connaît pas d'équivalent en Occident. Nous citerons les exemples donnés par le maître zen Taisen Deshimaru, dans son ouvrage *La Pratique de la concentration* [2], à propos de formes de respiration visant à rétablir l'équilibre énergétique et décrites dans des traités bouddhistes :

1. Jo-soku, ou respiration haute : c'est une respiration qui porte sur la force de poussée de l'expiration ; celle-ci débute doucement, puis accentue sa poussée à mesure qu'elle descend dans l'abdomen. Elle chasse la somnolence, la lourdeur d'esprit.
2. Ge-soku, ou respiration basse : l'inverse de la précédente ; la force de l'expiration, puissante au début, va décroissant en pénétrant dans l'abdomen. Elle a un rôle efficace pour la dispersion de l'esprit.
3. Man-soku, ou respiration pleine ; l'inspiration remplit la cage thoracique ; elle a une valeur efficace sur les corps trop secs ou amaigris.

1. Nous pensons dans ce cas aux techniques respiratoires qui visent à l'acquisition de « pouvoirs ».
2. Éditions Retz, p. 112.

4. Sho-soku, respiration brûlante : à utiliser avec beaucoup de circonspection et uniquement en cas de grande faiblesse de l'appareil génital ; elle soigne en outre les congestions.

5. Zo-cho-soku, ou respiration longue et croissante : stimule les énergies déficientes ; avec la première, la respiration haute, elle est très importante pour le zazen [1].

6. Metsu-e-soku, respiration évanescente et décroissante : le pendant de la précédente ; elle rétablit l'équilibre des énergies excédentaires.

7. Dan-soku, ou respiration chaude : consiste en la concentration maximale de l'expiration dans l'irradiation abdominale. Soigne un excès de froid.

8. Rei-soku, ou respiration froide : l'inspiration est pleine et la force de l'expiration s'exprime au début, puis décroît rapidement. Soigne un excès d'énergie chaude.

9. Sho-soku, respiration conflictuelle ; *sho* signifie : pousser, attaquer, frapper. Elle soigne la mauvaise circulation du sang, les blocages et les obstructions ; elle facilite l'évacuation des toxines. Comme l'indique l'idéogramme *sho,* l'expiration est brutale et brève.

10. Ji-soku, respiration prolongée : soigne les tremblements, les frissons dus, par exemple, à une absorption excessive d'excitants. Elle est longue et calme.

11. Wa-soku, respiration harmonieuse et paisible : elle alimente et harmonise les cinq éléments (Terre, Eau, Air, Feu, Métal) et soigne de façon générale toutes les maladies d'ordre énergétique.

La respiration fondamentale

La méthode de respiration que nous allons décrire et dont nous essayerons d'analyser les effets énergétiques est la respiration utilisée dans les arts martiaux et la méditation zen dont les auteurs de ce livre ont une

1. Le zazen est la méditation pratiquée et prônée par les moines zen. Nous y reviendrons dans le dernier chapitre.

connaissance pratique. C'est aussi la respiration pratiquée naturellement par les enfants en bas âge avant que les stress de la vie ne leur impriment des blocages et les conditionnent à une respiration artificielle. La plupart des animaux utilisent aussi cette méthode et un proverbe zen l'appelle « respiration de la vache ».

Cette respiration se pratique avec la bouche fermée, l'air circulant par le nez[1]. L'expiration est longue et profonde, et provoque une expansion de la partie sous-abdominale, le foyer inférieur (champ de cinabre) où siège l'énergie ancestrale Yuen Tchi. A la fin de l'expiration, l'inspiration se fait naturellement et l'air pénètre profondément dans le corps. Il n'y a pas de blocage de la respiration entre inspiration et expiration. La fin de l'expiration correspond au développement maximal de l'énergie, c'est le moment où le combattant d'arts martiaux déploie toute sa force vitale. Le kiaï, qui peut se traduire par ce cri rendu célèbre par des films simplistes mettant en scène les arts martiaux, s'exécute à cet instant. A ce sujet, il faut d'ailleurs noter qu'il existe diverses tonalités du kiaï avec leur vigueur.

Le trajet de l'énergie mise en mouvement par l'inspiration et l'expiration permet de se rendre compte du rôle énergétique de la respiration : intervention dans le fonctionnement du système des trois foyers, meilleure intégration et diffusion des énergies humaines. Mais précisons tout d'abord la valeur relative Yin/Yang de l'inspiration et de l'expiration.

Pour certains, l'inspiration serait assimilée à une phase Yin car l'air pénètre à l'intérieur du corps, région

1. La description qui suit correspond à la pratique de la méditation. Au cours d'un combat, il peut y avoir de légères différences mais le principe reste le même.

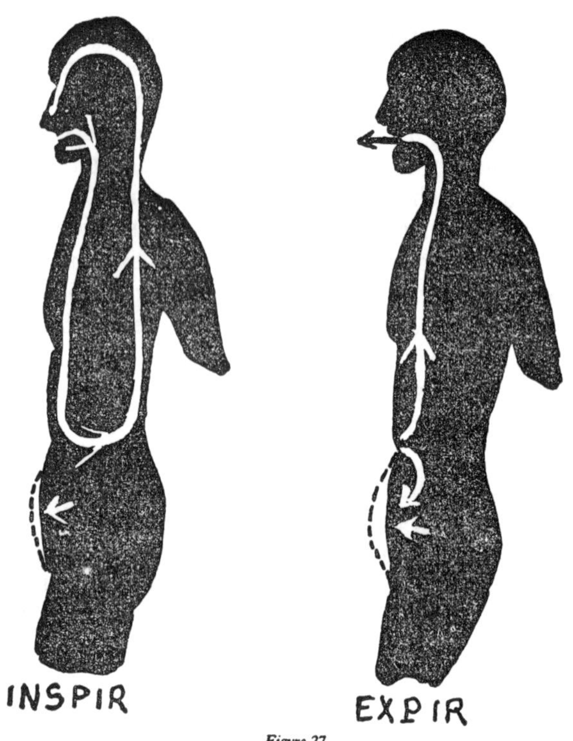

Figure 27

qui est Yin par rapport à l'extérieur. En fait il s'agit bien d'un mouvement descendant, d'un mouvement d'intériorisation, donc Yin, mais l'air qui est inspiré représente l'énergie cosmique, c'est-à-dire le Yang céleste.

De même, l'expiration est un mouvement ascendant d'extériorisation, donc Yang, mais l'air qui est expulsé vient du Yin. De plus, l'expiration provoque une expansion, mouvement Yang, de la partie inférieure de l'abdomen qui figure la partie la plus Yin, c'est-à-dire le Yin de Yin.

En résumé, pendant l'inspiration le Yang effectue un mouvement Yin, il descend, et pendant l'expiration le Yin effectue un mouvement Yang, il monte. Cette succession de phases évoque la roue de Lao Tseu où le Yin et le Yang sont intimement et harmonieusement mêlés.

D'autre part, pendant l'inspiration, l'énergie de l'air (Yeung Tchi) après avoir pénétré par le nez et traversé la gorge, arrive à un point situé à mi-distance du nombril et du sternum, le point 12 du méridien Vaisseau Conception (12 V.C.), où elle se mélange avec l'énergie alimentaire (Kou Tchi). Ces énergies traversent ensuite le corps vers la région postérieure d'où elles ressortent au point Ming Menn (le point 4 du méridien Vaisseau Gouverneur : 4 V.G.), qui signifie Porte Divine. Ce point est un siège d'énergie très important car il est en relation avec une branche profonde du Tchong Mo ainsi qu'avec d'autres méridiens. De là l'énergie remonte le long du dos en suivant le trajet du méridien Vaisseau Gouverneur pour aboutir aux narines en fin d'inspiration.

Pendant l'expiration, qui suit l'inspiration sans temps d'arrêt, une grande partie de l'air, la plus impure, est expulsée tandis qu'une autre partie, la plus pure, se concentre dans le foyer inférieur et agit sur l'énergie ancestrale (Yuen Tchi).

Au niveau du système des trois foyers et de la production énergétique, l'importance de la respiration telle qu'elle vient d'être décrite ne fait aucun doute. Alors qu'une respiration thoracique se limite à une action sur l'énergie de l'air et reste localisée au niveau du foyer supérieur, notre type de respiration permet de mettre en contact les trois foyers et aide la circulation de toutes les composantes énergétiques.

Sur l'inspiration, l'énergie de l'air descend profondément et entre en contact avec l'énergie alimentaire (au niveau du foyer moyen) puis avec une branche du Tchong Mo qui est en relation avec l'énergie ancestrale : la synthèse des trois énergies de base peut alors se réaliser sans encombre.

L'expiration permet d'expulser entièrement les énergies impures et elle joue un rôle de mobilisateur du foyer inférieur : la diffusion de l'énergie ancestrale et de l'énergie Oé se voit améliorée.

L'étude du mouvement de la respiration peut aussi se faire par rapport aux cinq organes.

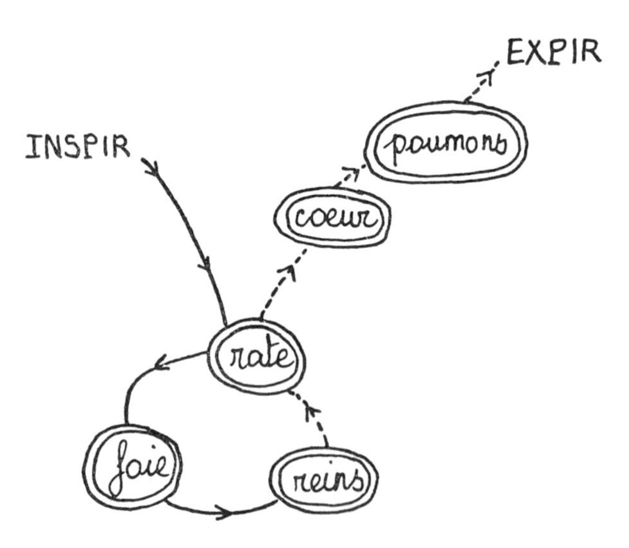

28. Trajet de l'énergie pendant la respiration

Pendant l'inspiration, l'énergie descend d'abord jusqu'à la rate puis jusqu'au foie et aux reins. L'expiration rejette ce souffle des reins vers le cœur et les poumons en passant par la rate (rôle de la rate comme distributeur d'énergie).

Enfin cette méthode de respiration se trouve en relation avec les entités psychiques pour deux raisons. D'une part, ces entités sont des manifestations énergétiques au même titre que les autres éléments de l'organisme et une meilleure intégration et cirulation de l'énergie agit sur tout l'organisme. D'autre part, la pratique même de l'inspiration et de l'expiration nécessite un déblocage des nœuds psychiques afin que l'air puisse circuler librement sans que le corps y oppose de tensions musculaires.

A ce sujet, d'ailleurs, il faut souligner encore une fois l'aspect néfaste du blocage de la respiration à quelque niveau que ce soit (fin de l'inspiration ou fin de l'expiration). De fait, la motivation consciente du psychisme avec notamment la participation du I (réflexion, désir) ou du Tche (volonté) ne peut qu'entraver une respiration juste qui doit devenir peu à peu inconsciente.

En définitive, la respiration fondamentale que nous proposons est radicalement différente dans les moyens et le but des respirations de type sportif proposées en Occident. Il s'agit avant tout d'une mise en circulation de l'énergie par la concentration. Le fait de descendre le souffle jusqu'au niveau du bas-ventre permet, outre des facilités pour l'union de Yeung Tchi et Kou Tchi, d'agir sur l'énergie ancestrale Yuen Tchi qui trop souvent se trouve bloquée dans un abdomen empli de tensions musculaires. En ce sens, il s'agit véritablement d'une manipulation du souffle interne, comme l'appellent les taoïstes, d'un retour à l'énergie originelle et c'est pourquoi la phase majeure reste l'expiration qui est concentration dans le champ de cinabre, le centre vital de l'abdomen.

Concluons avec maître Deshimaru[1] :

> Cette méthode respiratoire permet de contrôler jusqu'à la stopper l'activité mentale de la conscience. Cette condition plonge l'être en état de profonde concentration, et l'harmonie au sein de la triade ciel-terre-homme est instaurée ; c'est ce que dans le zen on appelle suivre l'ordre cosmique.

1. *Op. cit.*, pp. 110-111.

IX
Les arts martiaux

Le judo, grâce à son impact après 1945, a révélé au monde occidental un aspect des arts martiaux qui pouvaient exister en Extrême-Orient, notamment au Japon. La beauté des mouvements, la technique de combat, la courtoisie, l'humilité, le port du kimono ont favorisé l'éclosion de cette discipline puis son rayonnement.

Par la suite d'autres arts martiaux, tels que l'aïkido, le kendo, le karaté-do se sont propagés en Occident au point de connaître ces dernières années une véritable vogue. C'est pourquoi il semble maintenant nécessaire de faire prendre conscience au public de certains problèmes de fond liés à la pratique des arts martiaux traditionnels en général et du karaté-do en particulier.

Afin de bien définir notre position, nous passerons sous silence le problème de la compétition. Non pas que nous voulions nier toute valeur à l'esprit de compétition mais ce serait alors entrer dans le domaine du sport. Au contraire, notre propos est de mettre en valeur ce que représente un art martial, en l'occurrence le karaté-do, et cela, non pas en fonction de quelque référence mystique douteuse mais bien à la lumière des données traditionnelles de l'énergétique chinoise.

En fait, un art martial comporte toujours deux aspects : aspect externe et aspect interne. La voie externe est la voie obligatoire par où tout pratiquant doit passer alors que la voie interne, qui demeure cachée à la plupart, constitue l'aboutissement et l'essence des arts martiaux. Mettre en évidence cet aspect interne, c'est ce à quoi s'attachent les textes qui suivent pour lesquels nous tenons à remercier Pierre Portocarrero, 4e dan de karaté, de sa précieuse collaboration.

Aspect externe, aspect interne

Coups de pied sautés tous azimuts, casses en tout genre, de la tuile au pain de glace, mythe de l'invincibilité, championnats de ligue, de France, d'Europe, du monde, etc. Ces quelques images, parmi beaucoup d'autres, hantent l'esprit d'un certain public qui se sépare de plus en plus en deux groupes bien distincts : d'un côté les écœurés, apeurés, grugés, pour qui « le karaté, jamais plus... », car ce n'est que violence, compétition, ambiance des clubs malsaine ; de l'autre, les inconditionnels de la victoire en frappant, pour qui l'essence même de la virilité ne peut s'apprécier qu'en une confrontation musclée où il y a un vainqueur et un vaincu, et pour qui pratiquer pour autre chose que vaincre est en dehors de leur compréhension.

Le vrai problème réside dans le fait que, dans la plupart des cas, les gens ont affaire à une pâle déformation de l'art d'origine. Déformation elle-même issue de la partie la plus superficielle du karaté-do, la partie émergée de l'iceberg en quelque sorte, qui ne représente au mieux qu'un dixième de l'art du karaté.

Car deux aspects coexistent : le karaté-do est à la fois art de combat et voie de recherche intérieure. Il suffit de s'attarder quelque peu sur la lecture des idéogrammes *Kara* et *Te* qui peuvent se comprendre de deux façons. Dans l'une, le premier idéogramme se lit *Kara* et signifie vide, le deuxième se lit *Te* dans le sens main. Soit karaté-do, « la voie de la main vide », sens généralement connu et définissant l'aspect externe : il s'agit d'une technique de combat à mains nues.

Moins connue est la deuxième lecture des deux mêmes idéogrammes, d'origine chinoise. Le premier se lit *Ku* qui signifie également vide mais dans le sens « état de vide, vacuité »; le deuxième se lit aussi *Te,* mais là dans le sens de « technique, méthode, art ». En ce cas, la lecture devient « art pour atteindre l'état de vide » ou « art de la plénitude par le vide ». Cette deuxième lecture est primordiale car elle représente le complément indispensable de l'aspect évoqué par la première lecture : l'un ne va pas sans l'autre.

Ajoutons au passage que tous les « katas » (séquences de mouvements préarrangées d'origine le plus souvent chinoise) contiennent ces deux aspects dans leur nom. Nous y reviendrons plus loin. Avant cela, nous voudrions aborder quelques aspects de la pratique pour les remettre à leur véritable place. Chacun peut faire le genre de constatations énoncées ci-dessous, il suffit pour cela d'observer et de « sentir ».

La beauté du style, avec un peu de talent d'imitation et d'entraînement, est à la portée de beaucoup de personnes. Néanmoins, s'il n'y a ni esprit ni efficacité, cela reste de la mauvaise chorégraphie et un danseur, même de grand talent, n'est pas un karatéka. La vitesse sans force ni précision ne sert à rien.

Pulvériser une pile de tuiles s'apparente en revanche à l'exploit d'athlète comme il en existe beaucoup sur les stades et dans les salles d'haltérophilie, sans pour autant que ces athlètes se prétendent karatékas.

S'il y a souplesse, enfin, et que l'on exécute de merveilleux coups de pied au visage, on réalise là une belle et bonne chose. Mais sur le plan pratique, un adversaire de niveau moyen ne sera jamais surpris par une attaque de jambe au visage, et l'on rejoint alors l'acrobatie. Et il y a des acrobates extraordinaires qui ne se déclarent pas karatékas.

L'extérieur n'est pas le but du karaté-do. Même s'il est nécessaire, il ne doit pas faire oublier que l'important est l'intérieur : ce que l'on devient soi-même par rapport à soi-même et non par rapport aux autres. Un excellent combattant, un expert, même haut gradé, peut n'être qu'un simple « ouvrier », comme l'on désigne en acupuncture ceux qui savent réduire certains symptômes, mais ne rétablissent pas l'harmonie des circuits d'énergie.

Certes, le karaté-do reste un art martial et l'efficacité en combat est l'une des conséquences possibles d'un certain entraînement régulier. Mais cette efficacité potentielle devrait se traduire par une amélioration visible de la personnalité, alors que malheureusement beaucoup se détruisent, bloqués dans une conception étroite de la pratique.

En fait, le karaté-do va beaucoup plus loin que nombre de pratiquants (même à Okinawa ou au Japon) le pensent. Les recherches intérieures forment l'essentiel de sa pratique. Comme nous l'a expliqué maître Ogura, maîtriser la technique demande une dizaine d'années de pratique assidue. Entre quinze et vingt ans, on peut maîtriser l'art au sens large du terme. Éliminer l'ego et libérer le véritable être intérieur demande cinquante à soixante années de pratique...

A Okinawa, on dit que l'épanouissement technique et physique se produit aux alentours de la cinquantaine : nous sommes bien loin des jeunes champions qui ont de vingt à trente ans, rongés par la volonté de puissance et de gloire éphémère.

La vraie maîtrise du karaté-do (comme toute autre voie de recherche initiatique, d'ailleurs) provoque un épanouissement de la personnalité, enlève les blocages physiques et psychiques, atténue les effets du vieillissement, conserve la santé. Une mauvaise pratique, ou une mauvaise conception de la pratique, augmente au contraire les troubles psychiques et physiques, et peut entraîner des maladies et des perturbations graves.

Tout geste, même d'apparence anodine, a un effet profond sur notre organisme et notre psychisme. Combien de karatékas savent que les postures exagérées à l'extrême, si elles sont excellentes pour renforcer les membres inférieurs, perturbent néanmoins le champ énergétique du corps ?

Normalement, la pratique du karaté-do devrait amener à :

1. Débloquer peu à peu les complexes qui troublent notre esprit et gênent un libre emploi de notre psychisme et de notre corps.

2. Trouver harmonie, équilibre, paix, joie, bonheur, liberté en soi-même.

3. Posséder un corps sain, sachant tirer profit de la maladie pour se rééquilibrer, ayant sa forme optimale par rapport à l'âge, et faisant confiance à la perfection de la nature.

4. Se préserver, et cela comprend aussi bien la self-

défense que le rééquilibrage énergétique en cas de perturbation.

Or, la pratique mal comprise peut déséquilibrer à la fois l'esprit et le corps. Cela peut aller de la mauvaise musculation aux troubles organiques, à la folie, en passant par les troubles respiratoires, les troubles du comportement et la perte de la vitalité.

Prenons deux exemples plus précis. Chaque pratiquant sait que, durant un entraînement, on est touché en de nombreux endroits en bloquant, en étant bloqué, ou en frappant, par exemple aux avant-bras et aux tibias ou aux pieds. Or ces points devenus douloureux de façon chronique peuvent avoir des conséquences insoupçonnables sur l'organisme et la vitalité, soit dans l'immédiat, soit à retardement, si l'on ne sait comment les compenser.

Les points situés au long des méridiens d'acupuncture se piquent, se brûlent (moxas) ou se pressent (shiatsu) pour tonifier ou disperser. En cas de déséquilibre énergétique, ces mêmes points, touchés et devenant douloureux de façon répétitive, peuvent entraîner des troubles [1]. Pour remédier aux perturbations possibles, certaines pratiques visent à neutraliser ces effets. Certains gestes très hermétiques contenus dans certains katas sont en fait de véritables « mudras » ayant pour but de recharger ou de décharger certains centres énergétiques.

Tout cela devient extrêmement important quand on prend de l'âge. La santé dans la vieillesse se préserve dès le plus jeune âge, les capacités de compensation de certains excès en tous les domaines s'amenuisant avec

1. Voir plus loin « Les dangers de la pratique ».

l'âge, il convient d'observer très tôt certaines précautions.

A l'origine, le karaté-do, dans ses sources chinoises et hindoues, est une thérapeutique, la self-défense n'étant qu'un dérivé naturel et non une fin en soi. D'autre part, toute pratique touchant au tréfonds de l'être peut l'amener au-delà de sa condition initiale ou en deçà... Ce qui nous conduit à notre deuxième exemple.

Le psychisme est extrêmement fragile, nous sommes tous peu ou prou perturbés. Une certaine pratique améliore, une autre aggrave ces troubles, et il y a alors danger pour le karatéka comme pour son entourage. Cela peut même devenir très grave, allant du complexe d'agressivité à la véritable folie meurtrière. Il suffit de constater le comportement de certains compétiteurs en championnat pour en être convaincu : de l'impolitesse à la grossièreté, en passant par le manque de sang-froid, l'absence de contrôle de leurs coups, etc. Alors que, disons-le encore une fois, le karaté-do devrait mener à l'épanouissement personnel ; mal compris, il perturbe tant mentalement que physiquement.

Si l'on ne pratique pas en conservant sans cesse le désir de mieux se connaître soi-même pour s'améliorer, l'efficacité grandissante en combat peut troubler les esprits.

L'agressivité existe en chaque homme comme en tout animal. C'est un instinct naturel de préservation. Dans ce domaine, les animaux à l'état naturel sont équilibrés ; en revanche les hommes se dérèglent facilement. Psychologues, psychiatres et sociologues mettent généralement en cause certains complexes de frustration dont on se libère par la violence. Notre milieu social de plus en plus coupé des lois naturelles en est la cause. Si l'entraînement est uniquement physique, sportif, il aggrave l'agressivité car il l'exacerbe au lieu de la canaliser et de la sublimer, entraînant progressivement une détérioration des fonctions de l'hypothalamus dont le rôle est essentiel pour la survie de l'individu et de l'espèce.

Toute chose se compensant dans la vie (voir théorie du Yin et du Yang), si l'agressivité se développe, elle entraîne d'autres détériorations mentales et physiques. L'instinct de fuite se développe d'autant et plus on est agressif, plus on devient lâche vis-à-vis de soi-même et des autres. On se conduit de plus en plus sauvagement, au point d'être un tueur en puissance, non pour préserver sa vie, mais par dérèglement. Au lieu d'être en paix et libéré en soi-même, même plongé dans la foule ou enfermé, on se conduit de plus en plus mal vis-à-vis de son entourage.

C'est pourquoi, traditionnellement, on est si strict avec les « manières » (hiérarchie, saluts, marque de respect et d'humilité, etc.) qui, bien comprises, sont autant de garde-fous. Le maître Gichin Funakoshi (1869-1957) disait toujours à ses élèves que le karaté-do commençait avec la courtoisie et se terminait avec elle. Abordons à cette occasion quelques points concernant les saluts effectués normalement au début et à la fin d'un entraînement.

Actuellement ceux-ci sont le plus souvent bâclés ou franchement inexistants dans la plupart des clubs occidentaux : à quoi cela sert-il ? soumission servile ! obséquiosité asiatique inutile, etc. Traditionnellement, hormis les saluts adressés au professeur en titre (Sensei), aux anciens du dojo (le lieu où est étudiée la Voie) et aux débutants, il en est un dont on ne parle jamais et qui est pourtant le premier et le plus important : le salut au sanctuaire (shinden), exécuté par tout le monde, du plus jeune débutant aux gradés les plus anciens, face au kamiza. Il s'agit, traditionnellement, d'un autel orienté au nord du dojo. Une simple représentation symbolique bien choisie peut suffire (photo du maître disparu ou actuel, idéogramme, figure géométrique, etc.). Ce lieu, kamiza, n'est autre que le siège des kami, autrement dit de certaines forces de la nature. Il agit comme un émetteur-récepteur, catalyseur de forces.

Au début de l'entraînement, les karatékas y puisent de l'énergie et y déchargent d'éventuelles énergies perverses, afin de se purifier et de se recharger, puis en fin d'entraînement, ils remercient en rechargeant l'autel avec les forces accumulées en cours de pratique.

Un tel rituel peut être délicat à comprendre, et pour certains, difficile à pratiquer au début. Pourtant sa valeur et son efficacité existent réellement pour celui qui le suit et il est pénible de constater que nombre de prétendus haut gradés, experts ou champions, le négligent. Voici le résultat d'une mauvaise compréhension du karaté-do et de son enseignement.

Il est très grave (pour tout le monde) qu'un ancien se comporte plus mal qu'un débutant (mépris des débutants, manque d'humilité, étiquette négligée...). C'est le début d'une détérioration de la personnalité due au déséquilibre mental engendré en pensant que le travail technique suffit à la progression.

Si l'on ne comprend pas le salut, on ne peut comprendre l'essence du karaté-do. La méditation (mokuso) en posture assis sur les talons (seiza) suivie des saluts sont les premiers pas dans la réalisation d'une posture correcte (shizei). Oublier cela et mettre la charrue avant les bœufs n'empêche certes pas d'accéder à un haut niveau technique relatif et à l'efficacité en combat, mais ce niveau et cette efficacité ne sont pas forcément les corollaires d'un épanouissement de la personnalité. Certaines personnes, souvent très intéressantes du point de vue « pratique », peuvent incontestablement représenter un danger pour leurs élèves si elles enseignent. A chacun de savoir choisir selon ses propres conceptions : n'est-il pas dit que l'élève a le maître qu'il mérite et vice versa ?

En résumé, le karaté-do mal compris peut perturber en profondeur l'inconscient et ajouter des couches de blocage aux couches préexistantes. Alors qu'il peut permettre de les gratter délicatement une à une jusqu'à retrouver le sens du mouvement naturel et spontané, tant volontaire qu'involontaire, afin que l'esprit reste calme, lucide et libre. Cela s'enseigne différemment selon chacun sans négliger pour autant l'efficacité et la technique.

Le sens profond des katas

Les *katas* représentent l'héritage subtil des Anciens, code gestuel ésotérique permettant la plongée en nous-mêmes. Négligées par la majorité des pratiquants actuels, leurs pratiques et leurs applications (*bunkaï*), tant externes qu'internes, représentaient à l'origine à peu près 90 pour 100 de l'entraînement. C'est souligner leur importance fondamentale.

Il est possible de comparer le kata à une sorte de

rébus gestuel. Il faut véritablement décrypter la signification de chaque geste pour en comprendre le sens et, pour cela, il est nécessaire qu'un initié donne de temps à autre, au moment opportun, une clef de compréhension ouvrant certains horizons et permettant d'éviter certaines interprétations erronées. Cela ne se faisait jadis que dans le cadre étroit d'une transmission de maître à disciple confirmé et non dans une pseudo-pratique de masse.

Actuellement, par défaut de transmission de leur essence, on ne voit dans les katas que leur aspect le plus extérieur : une espèce d'enchaînement de mouvements strictement codifiés, contraignant à apprendre et ressemblant dans l'exécution à une sorte de danse guerrière. Cela est en partie vrai, comme il est vrai que ne pratiquer les katas qu'à ce niveau est vite peu attrayant car très limité.

Nous nous bornerons à dire que le kata est comme un oignon : il faut enlever les couches une à une pour pouvoir contempler le cœur. La première couche est en effet l'intégration de l'enchaînement des techniques propres au kata, en respectant les grandes orientations des déplacements suivant certains axes directeurs précis (embu-sen). Ensuite il faut comprendre son rythme d'exécution (hyoshi) pour le faire vivre, « sentir » et visualiser les situations de combat qu'il évoque. Il faut alors connaître les applications (bunkaï) de chaque mouvement. Au premier niveau sont des applications précises correspondant au schéma exact du kata. Ensuite chaque mouvement contient une variété quasi infinie d'applications et si on privilégie la sensation interne de ce mouvement par rapport à une exécution technique stricte. Ce sont les premières clefs dont nous parlions, celles qui permettent de faire jaillir le spontané à partir d'un cadre imposé bien défini.

Il y a un deuxième niveau de bunkaï. Celui qui explique la gestuelle par rapport à la conduite de l'énergie (Tchi) dans le corps en fonction de l'orientation, du rythme respiratoire, de l'heure, du jour, de la saison, etc.

Certaines positions peuvent même se rapporter aux cinq éléments. Dans le karaté-do avancé, on a par exemple un véritable cycle des cinq mouvements appliqué avec les armes naturelles de la main (il s'agit alors du véritable art martial de haut niveau) :

Bois	→	Feu	→	Terre	→	Métal	→	Eau
saisie	→	poing fermé	→	paume	→	tranchant	→	pique
(Kakete)		(Seiken)		(Shotei)		(Shuto)		(Nukite)

Mais arrêtons tout de suite ceux qui pensent comprendre l'aspect interne des katas sans connaître l'externe. Avant tout, il faut consacrer un certain temps de pratique et de recherche sur des sujets extrêmement concrets. Rappelons à ce sujet l'antique dicton « *hito kata san nen* » : « un kata en trois ans ». Ces trois ans, d'après notre expérience, représentent l'intégration des techniques et du schéma qui permettent le travail intéressant.

Au-delà, il y a d'autres stades : exécuter un kata les yeux fermés, en symétrique (comme vu dans un miroir), en pensant tout à fait à autre chose (chansons, calcul mental ou autre). Parvenir à ces stades indique déjà un premier degré de maîtrise d'un kata qui peut mener à l'épanouissement ou à la folie.

En effet, entre nos gestes et l'activité de notre cerveau il y a un « bio feed-back » permanent. Pratiquer un *kata* correctement réveille l'activité de certaines zones du cortex et réciproquement, leur déblocage entraîne une amélioration au niveau du geste et de la technique, cela pendant dix, vingt, trente, cinquante ans. Fatalement, un jour ou l'autre, vous toucherez à ces 80 pour 100 du cerveau qu'ordinairement nous n'utilisons pas au cours de notre existence. A partir de là, tout est possible. D'où l'importance d'un guide compétent sur ces voies de plus en plus tortueuses au fur et à mesure que l'on progresse.

Actuellement, il existe beaucoup de styles de karaté qui se sont forgés du IXe siècle à nos jours, et le pratiquant est souvent dérouté par le fait que le même kata s'exécute souvent de façon fort différente suivant les canons de divers styles.

Quitte à déplaire à certains, nous affirmerons que nombre d'interprétations modernes des katas sont une déformation importante des formes d'origine, due à une compréhension superficielle de leur bunkaï.

Cependant, certains changements dans la forme n'ont pas altéré l'essence du kata. Ces changements ont été opérés en toute connaissance de cause par des pratiquants de très haut niveau. D'autres changements sont dus simplement à une interprétation extérieure de certains mouvements incompréhensibles sans l'explication du bunkaï. Tous les styles modernes sont truffés de ces mouvements tronqués et déformés quant à l'aspect martial s'ils ne sont pas rendus dangereux en ce qui concerne l'aspect interne.

Signalons que les katas qu'apprennent la plupart des débutants actuellement sont des katas récents, créés entre le début de ce siècle et maintenant par souci d'une simplification, permettant un apprentissage rapide et donc une meilleure diffusion (au détriment de la qualité comme nous ne pouvons malheureusement que le constater).

Jadis, on restait longtemps sur les vieux katas, longs et complexes, d'apprentissage délicat, mais aux bénéfices considérables. C'est délibérément que les bunkaï ne sont pas explicites dans l'enseignement traditionnel (les significations s'éclairent différemment suivant le niveau de progression de l'élève).

Les vieux katas étaient un instrument de transmission où certaines parties du code ont été volontairement déformées pour réserver le savoir aux disciples seuls instruits de cette altération, afin de dissimuler l'essence du kata à des concurrents peu scrupuleux ou à d'éventuels adversaires. Certains gestes ont donc continué à être transmis par des gens n'en possédant pas les explications nécessaires.

Traditionnellement, il y a trois étapes primordiales pour maîtriser un art :

1. « Shu » : respecter, suivre le modèle. C'est l'étape où l'élève doit essayer de s'en tenir scrupuleusement aux techniques et à l'enseignement de son maître.
2. « Ha » : se libérer de l'effort d'apprendre. Cette étape dépasse la première. L'effort personnel devient très important, mais continue à viser la perfection d'un style.
3. « Ri » : s'écarter de la forme. A ce stade, le maître n'a plus rien à apprendre à son élève qui peut continuer à progresser et enseigner ses propres conceptions. A ce niveau la technique, le style, le côté codifié est dépassé et transcendé.

Dans le kata, c'est l'application spontanée des *bunkaï* en dehors de la forme conventionnelle.

Tous les styles actuels puisent leurs *katas* parmi une vingtaine d'origines (antérieures au XIXe siècle) répartis sur les trois styles de base d'Okinawa : shuri-te, naha-te et tomari-te. Ces trois styles étant génétiquement regroupés sous le terme d'Okinawa-te (la main d'Okinawa) ou *tode* (*to :* ce qui vient du continent, en l'occurrence par extension la Chine, *de* contraction de *te*, technique) référence au continent chinois, d'où proviennent la majeure partie de ces vieux katas, sinon dans la forme, du moins dans la conception, surtout en ce qui concerne les recherches internes.

Voici la liste de ces katas.

Kushanku ou Kosoku (Kanku) [1]	Sanseru
Passaï (Bassaï)	Shisochin
Wanshu (Empi)	Kururunfa
Chinto (Gankaku)	Seishan ou Seesan (Hangetsu)
Lorei ou Rohai (Meikyo)	Suparumpei ou Supêrrinpai
Wankan (Matsukase)	ou Suparinpei (Suparipa)
Ouseishi (Gojushiho)	Seipai
Chintei	Sanchin
Jiin	Koshiki Naifanchi (Tekki)
Niseishi (Nijushiho)	Jion
Unsu (Unsui)	Jitte
Saïfa	Sochin
Seienchin (Saipa)	

En 1907, Ankoh Itosu créa les cinq *katas* de Pinan (Heian) à partir des techniques et des sensations de Kusanku, Passaï et Tchinto.

Vers 1920, Chojun Miyagi crée les deux Gekisaï, ainsi que Tensho, synthèse du Tao chinois « Rokishu ».

1. La première lecture est celle d'origine chinoise ou okinawaïenne (parfois nous donnons les deux). Entre parenthèses le nom du *kata* en langue japonaise lorsqu'il a été modifié dans certains styles.

Notons également l'existence de deux *katas* à Okinawa, Ananku (Hanenko) et Kente, déjà simplification des anciens *katas*, ils furent créés au XIXe siècle.

L'école Uechi-Ryu, dont l'essentiel provient du Naha-Te, possède des *katas* particuliers amenés de Chine par le fondateur Kambun Uechi : Kanshiwa, Seirui, Konchin.

Abordons maintenant quelques exemples plus précis[1].

- *Passaï-no-kata*

Ce *kata* est le plus vieux transmis à Okinawa d'après certaines sources. Il en est fait mention dans l'un des très rares écrits d'Okinawa, comme étant déjà pratiqué en 1380. Ce *kata* a subi de nombreuses modifications, l'essentiel de certaines sensations restant néanmoins conservé, même dans les formes d'exécution récente.

La forme exacte d'origine est connue sous le nom d'« Oyadomari-Passaï » du nom d'un des élèves d'un expert chinois du Sud qui l'a transmis dans le village de Tomari. Les principales variantes en sont : Matsumura-no Passaï, Tomari-no-Passaï et Jishimine-no-Passaï et plus tard « Itosu-no-Passaï » qui est à la base des formes pratiquées en Shotokan, Wado-Ryu et Shito-Ryu modernes.

Dans l'état actuel de nos connaissances, le créateur de ce *kata* reste inconnu. Il se compose de deux mots : « Pas » (casser ou traverser de part en part) et « Saï »

1. Les descriptions complètes de ces *katas* seraient beaucoup trop longues dans le cadre de cet ouvrage. Les pratiquants de *karaté* pourront les trouver dans les ouvrages spécialisés et y adjoindre nos explications.

(la forteresse) et peut se traduire par « traverser la forteresse » ou « briser les fortifications ».

Sur le plan physique et technique, il se dégage en effet une impression de puissance dans l'exécution qui s'illustre par des déplacements très courts et très secs. (Le thème du combat imaginaire étant de briser le cercle étroit de plusieurs adversaires attaquant à courte distance.)

Sur le plan mental, il peut mener au développement d'un esprit fort et pénétrant permettant de « briser les fortifications » de nos complexes et nos inhibitions qui nous enferment. La sensation essentielle de ce *kata* est « Koshi ».

Ce terme désigne la partie du Tanden (Tantien, champ de cinabre inférieur), situé dans la région de la troisième vertèbre lombaire. L'essentiel de la dynamique des mouvements est imprimé par cette forte poussée de l'énergie au niveau des hanches et des lombes.

La meilleure façon de bénéficier des avantages liés à sa pratique est de savoir que, pratiqué entre 11 et 13 heures, il entraîne une dispersion de l'énergie du cœur, et entre 13 et 15 heures, il entraîne une tonification de ce même organe. L'un des premiers mouvements de ce kata (Sasae-Uke en Kosa-Dachi), technique de blocage renforcé, vise également à stimuler et protéger le méridien du cœur au niveau des 4e, 5e, 6e et 7e points de ce méridien.

Ce kata est également un de ceux dont les sensations de combat aboutissent à une efficacité réelle en cas de combat nocturne ou de cécité : sensations et recherche de stabilité et de perception non visuelle parfaitement illustrées par les postures Sagurite-no-Kamae (garde des mains qui cherchent à tâtons) de la fin du kata.

• *Kushanku-no-kata (ou Koshokun)*

Ce kata tire son nom de la transcription okinawaïenne du nom de l'expert chinois qui introduisit sa pratique dans l'île en 1761. Cet expert, Kung-Hsian-Chun (ou Kwang-Shang-Fu suivant les vocables chinois) était un grand pratiquant du style Shaolin du nord de la Chine, dont nous retrouvons l'essence dans la vieille forme du kata : déplacements longs, coulés, souples, vifs, nombreuses techniques de jambes, dont un coup de pied sauté. C'était également un taoïste de haut niveau et acupuncteur de surcroît, ce qui est beaucoup moins connu.

Gichin Funakoshi ne s'y est pas trompé lorsqu'il a japonisé le nom du kata pour l'introduire au Japon. Il l'a appelé kanku ce qui signifie « regarder le ciel » ou « contempler le vide originel ». Ce nom reflète parfaitement l'essence profonde de la pratique de ce kata, exprimée dès les premiers mouvements.

En effet, le mouvement de montée des deux mains vers le ciel face au soleil a une signification martiale et une autre symbolique et énergétique. Ce kata s'exécutant normalement tourné vers l'est entre le lever du soleil et le zénith et plus précisément entre 7 et 9 heures du matin (activité maximale de l'estomac) correspondant à la montée de l'énergie de la terre. Les mains forment un triangle, symbole d'équilibre entre le ciel, l'homme et la terre; elles protègent Yuen Tchi, l'énergie ancestrale concentrée dans le champ de cinabre inférieur, lié à la terre.

A l'inspiration, les mains montent vers le ciel, le regard les suivant. Le maximum de l'inspiration coïncide avec la vision du soleil dans le triangle formé par les mains provoquant un éblouissement sur la couleur jaune (liée à la rate, le pancréas, l'estomac et l'élément Terre).

Les mains redescendent en arc de cercle sur l'expiration avec accélération et poussée du hara à la fin de cette même expiration, le tranchant de la main droite frappant la paume de la main gauche, le mouvement générant la suite du kata. L'enchaînement dans sa gestuelle et sa sensation impliquant un cycle Ko (triomphe) du Bois (foie) sur la Terre (rate) avec tempérance de l'énergie liée à cet élément.

Le mouvement du début correspond en fait à absorber l'énergie montante de la terre, à recevoir celle du ciel sous forme d'énergie du soleil levant, à concentrer le tout (le mouvement en cercle, symbole également du Tao, indique l'harmonie entre le ciel et la terre avec l'homme à sa place, au milieu) et à mélanger Tsong Tchi (l'énergie essentielle), apportée par le ciel et la terre, à Yuen Tchi (l'énergie ancestrale) afin d'améliorer la qualité de cette dernière ainsi que la longévité (mouvement de poussée sur la fin de l'expiration).

Il existe de nombreuses variantes et déformations de ce kata, notamment Kushanku-Dai et Sho créés par Matsumura. La forme d'origine a été transmise jusqu'à nous par Chotoku Kyan, grand expert du Tomari-Te.

- *Lorei-no-kata ou Rohai*

Le nom japonais de ce *kata* est Meikyo, ce qui signifie « miroir clair ».

Si son créateur est inconnu, ce *kata* a cependant une

longue histoire à Okinawa. Son nom évoque l'état de conscience auquel aboutit sa pratique régulière et approfondie.

Une légende (Kojiki, Chronique des choses anciennes) dit que la déesse de la lumière Amaterasu O Mikami s'était disputée avec les autres dieux. Elle s'était alors cloîtrée dans une grotte hermétiquement close par une porte de rocher. La nuit s'était donc répandue sur terre.

Pour la faire sortir de la caverne, un dieu eut l'idée d'organiser une grande fête. Tapage nocturne et curiosité féminine aidant, Amaterasu O Mikami entrouvrit sa porte. Elle se trouva nez à nez avec sa propre image reflétée dans un miroir que brandissait le dieu malin qui avait eu l'idée de la fête.

La déesse avait les réflexes lents. Elle fut tellement stupéfaite de se voir qu'elle resta immobile quelques instants. Les dieux mirent à profit ce temps pour ouvrir largement la porte.

Ainsi la lumière éclaira de nouveau le monde.

Tel est le symbole de ce *kata*. La lumière est en chacun de nous, mais il nous faut la découvrir car elle est masquée par nos blocages mentaux et notre ego usurpateur. La pratique de Lorei peut permettre d'obtenir de soi cette image claire et d'acquérir l'esprit nécessaire pour accepter de nous regarder en face, aboutissant à un état pur de l'esprit qui peut alors tout refléter comme la surface calme d'un lac (l'esprit réceptif : Mizu-No-Kokoro, mot à mot : l'esprit de l'eau).

Pratique du karaté et entités viscérales

Une personne qui débute dans la pratique du karaté, ou d'un autre art martial, est axée sur l'acquisition d'une technique corporelle. Celle-ci sera avant tout une action répétitive tendant vers l'automatisme correct du geste qu'il importe d'analyser en fonction des entités viscérales :

Concentration	⟶	I (rate)
Réalisation, décision	⟶	Tche (rein)
Mouvement, extériorisation physique, mémoire de l'image	⟶	Roun (foie)
Réflexes vitaux	⟶	Pro (poumon)

Le Chenn (cœur) représente le conscient, mais il est en plus le coordinateur, le régularisateur des autres entités.

Dans les premiers temps, le Pro sera peu sollicité car les techniques de base, appelées Kihon, sont avant tout l'étude de la forme. L'importance du Pro, en tant que manifestation des réflexes vitaux, apparaîtra plus tard et notamment dans le kimé (voir plus loin).

Si l'on considère la progression dans la pratique du karaté telle qu'elle s'effectue le plus généralement aujourd'hui, c'est-à-dire avec un entraînement de plus en plus soutenu et rigoureux dont la finalité est la compétition, on s'aperçoit que l'on reste enfermé dans une seule dimension : le physique à outrance lié à la technique gestuelle. Il s'agit d'une méthode qui tend vers la recherche de l'efficacité immédiate en se référant à certaines conditions physiques : force (musculation), souplesse, catégories de poids.

Une telle pratique, dont l'unique but est de gagner,

d'être le meilleur, néglige certaines techniques, ou même les rejette quand elles sont interdites dans le cadre de la compétition. Le véritable enseignement transmis se trouve alors réduit à sa plus simple expression quoique la pratique des *katas* garantisse encore une certaine authenticité. Ainsi, le karaté, d'art martial, devient un simple sport de combat, avec ses règles, ses divergences, ses nouvelles tendances. Il n'en reste plus que les manifestations des mouvements au niveau le plus superficiel, le plus externe. D'ailleurs les médias ont mis en valeur cette puissance physique, c'est-à-dire la forme externe, empêchant par là le spectateur de comprendre les principes beaucoup moins apparents.

En fonction de tout ce qui a été dit à propos des grands principes de la médecine chinoise on peut comprendre les déséquilibres qui peuvent résulter d'une telle pratique. L'être humain doit vivre en harmonie avec lui-même et avec ce qui l'entoure et la véritable recherche dans les arts martiaux peut être une voie spirituelle : le corps et l'esprit étant indissociables, une action sur le psychisme se répercute sur les organes et inversement. Aussi, s'il est certain que le débutant en arts martiaux doit d'abord acquérir la forme de base, c'est-à-dire la technique gestuelle, celle-ci ne doit pas l'amener pour autant à la compétition, et il est indispensable qu'un maître, ou ses disciples, le guide vers une authentique recherche spirituelle.

Réflexions sur le kimé et sur le kiai

Il existe un seuil psychique qui empêche le corps humain de fonctionner à partir d'une certaine situation et permet ainsi à l'être humain de garder un équilibre à la fois psychique et physique. Le kimé est un bref instant qui dépasse ce seuil en échappant au conscient qui joue le rôle de frein.

Kensi Tokitsu[1] explique ainsi l'importance du kimé dans les arts martiaux :

> Il existe un seuil psychique qui ne nous permet pas de faire fonctionner nos muscles à la plénitude de leurs moyens. S'il convient de franchir ce seuil dans une situation particulière, nous déploierons une force supérieure à celle de la vie ordinaire.

Nous pensons que le principe du kimé peut s'expliquer à la lumière de la théorie des cinq éléments appliquée aux entités viscérales. Notons d'abord que l'axe de référence du kimé est : Pro (poumons)→ Roun (foie), c'est-à-dire : intérieur→ extérieur.

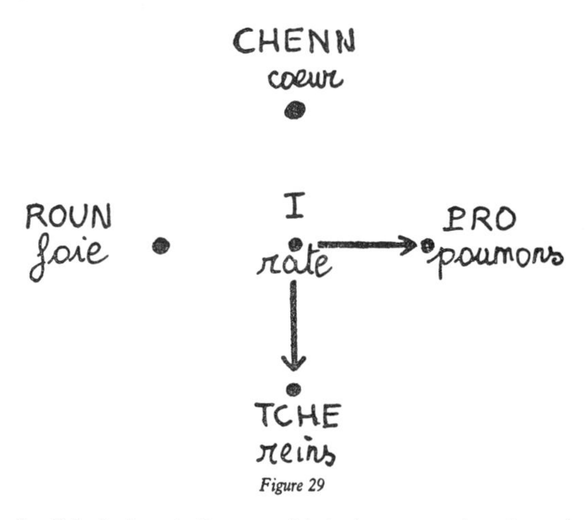

Figure 29

1. *La Voie du karaté. Pour une théorie des arts martiaux japonais,* Le Seuil.

D'autre part, si l'on considère les différents types d'énergie, on remarque le rôle central de la rate et ses liaisons avec les poumons et les reins (fig. 30).

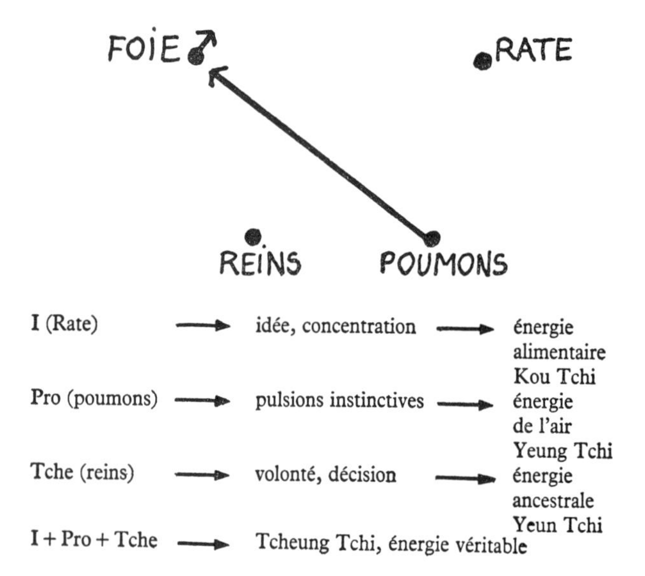

I (Rate)	→	idée, concentration	→	énergie alimentaire Kou Tchi
Pro (poumons)	→	pulsions instinctives	→	énergie de l'air Yeung Tchi
Tche (reins)	→	volonté, décision	→	énergie ancestrale Yeun Tchi
I + Pro + Tche	→	Tcheung Tchi, énergie véritable		

Figure 30

Cette association poumons-rate-reins se révèle donc complète sur le plan de l'énergie mais elle ne fournit pas un équilibre sur le plan psychique. A ce moment-là, il ne semble pas que le Chenn (le conscient) soit coupé des informations des autres entités, mais il ne peut agir en tant que régulateur. En fait, c'est comme si les éléments s'étaient affranchis de la tutelle du conscient. L'instinct de conservation (Pro) allié à la réalisation (I + Tche) devient la réalisation de cet instinct de conservation qui se manifeste en s'extériorisant par la mémoire du geste, le mouvement (Roun, le foie) : la force et la violence sont alors au maximum dans le mouvement exécuté (fig. 31). Le conscient se manifeste ensuite pour ramener l'équilibre entre le physique et le psychique.

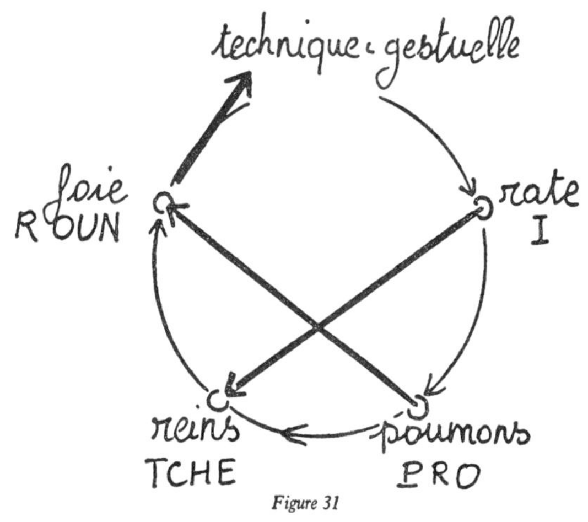

Figure 31

En ce qui concerne le kiai (voir le chapitre sur la respiration), nous pouvons voir qu'il vient du Yin profond car il est produit sur l'expiration et le souffle a son origine dans les reins (qui thésaurisent l'énergie ancestrale). Des reins, il va vers les poumons en passant par la rate et nous retrouvons là le rôle des trois foyers :

reins → foyer inférieur
rate → foyer moyen
poumons → foyer supérieur

Le kiai peut être sonore (poumon→Pro→cri) et modulé selon différentes sonorités ayant une action inhibitrice sur certains organes de l'adversaire. Il peut aussi rester interne et ne pas emprunter le circuit de rejet par les poumons. Il reste alors dans le Yin de Yin et se manifeste dans un mouvement de poussée abdominale (sous l'ombilic) ou avec, par exemple, une action d'extériorisation par le regard : foie→Roun→vue (fig. 32).

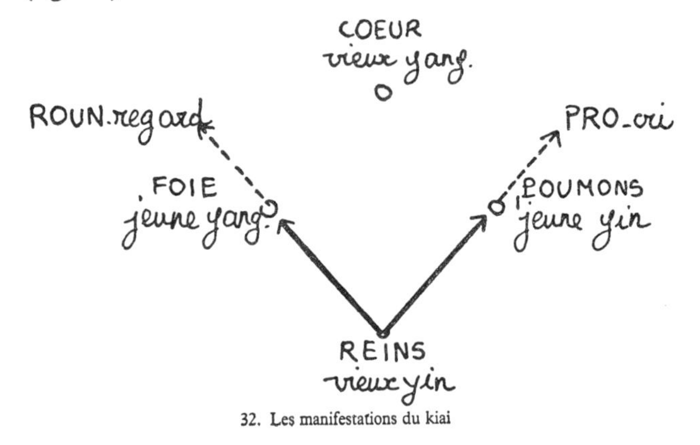

32. Les manifestations du kiai

Les dangers de la pratique

Les lois de la médecine chinoise permettent d'envisager certaines conséquences possibles de la pratique des techniques de combat. Puisque l'énergie circule dans tout le corps, en particulier dans les méridiens, il est en effet logique que si un obstacle entrave son écoulement, des désordres physiologiques et psychiques apparaissent.

Cet aspect de la pratique demeure peu connu dans la

plupart des clubs d'arts martiaux alors que l'on devrait toujours en tenir compte. Dans ce domaine, comme dans beaucoup d'autres, la présence d'un maître, ou tout au moins d'un bon éducateur, s'impose, car il est le seul à pouvoir mettre en garde chaque pratiquant.

Les coups répétés au même endroit du corps peuvent engendrer deux sortes d'actions. Tout d'abord, une action directe qui se manifeste par les symptômes liés au point d'impact : hématomes, douleurs, gênes musculaires, articulaires. De plus, ces désordres que l'on qualifie de fonctionnels quand ils se produisent au niveau des méridiens peuvent entraîner, au fil des répétitions traumatiques, des troubles lésionnels, c'est-à-dire la manifestation d'un déséquilibre important au niveau de l'organe lui-même, avec les conséquences psychiques que cela suppose. Les troubles lésionnels seront d'autant plus favorisés qu'une carence génétique y prédisposera l'organisme.

Ce type de déséquilibre énergétique peut être combattu en suivant les règles énergétiques chinoises : alimentation appropriée, respiration profonde qui favorise la production et la circulation de l'énergie défensive Oé, automassage, tel que contraction et relâchement du poing qui débloque l'énergie du bras, renforcement des muscles protecteurs.

D'ailleurs, la fonction de certains mouvements des katas est justement de rétablir la bonne circulation de l'énergie. Néanmoins, si les troubles se manifestent au niveau lésionnel, les méthodes thérapeutiques ne pourront qu'en atténuer les effets et c'est pourquoi en cas de prédisposition génétique, il peut être déconseillé de pratiquer certains arts martiaux.

X
La méditation

Un aperçu de l'art de vivre tel qu'il s'est développé en Extrême-Orient ne saurait être complet s'il se limitait aux techniques alimentaire, respiratoire ou corporelle. Il faut en effet y ajouter la pratique majeure qui en constitue le couronnement, celle de la méditation.

Dans leur ensemble, les diverses techniques de méditation du monde sino-japonais se présentent sous un autre aspect que celles que l'on connaît dans le monde méditerranéen. Les traditions juive, chrétienne et islamique ont en effet privilégié une recherche spirituelle tournée vers l'Autre, vers la transcendance divine, où la méditation se résume principalement à la prière et où les techniques corporelles sont peu utilisées.

Les pratiques issues du taoïsme et du bouddhisme s'inscrivent par contre dans cette conception de l'univers que nous avons décrite tout au long de cet ouvrage où le corps, l'esprit et le cosmos entier sont unité ; la méditation ne vise alors qu'à retrouver l'humain tel qu'il est en lui-même, c'est-à-dire à lui faire retrouver sa vraie nature qui est unité avec l'univers, par-delà les dogmes et les contraintes établis par la vie sociale. Dans cette recherche de l'harmonie fondamentale, la méditation apparaît comme la source et l'aboutissement de toutes les autres techniques d'art de vivre car elle place directement l'homme face à lui-même.

Marcel Granet dans son maître livre, *La Pensée chinoise*[1], décrit ainsi l'importance de la méditation dans la pratique des sages taoïstes (qui, par ailleurs, utilisent les différentes autres techniques) :

> La méditation solitaire est l'unique voie du savoir et du pouvoir (tao) : « Connaître autrui n'est que science ; se connaître soi-même, c'est comprendre. » La civilisation dégrade la nature : tout est conventionnel dans ce que l'observation peut atteindre. La dialectique n'a qu'un intérêt négatif : elle démontre l'arbitraire de tout savoir qui n'est point dû à la seule méditation. Cette dernière suffit au saint. Par-delà l'artificiel, elle lui fait appréhender d'un seul coup le réel et la vie. Il n'a qu'à se replier sur lui-même : « oubliant dans l'immobilité » tout ce qui n'est que savoir conventionnel, il purifie son cœur de tous les faux désirs et de toutes les tentations qu'a inventés la société. Il restitue ainsi en lui la simplicité parfaite, qui est l'état natif de tout être et de l'univers entier. Pour retrouver en soi l'homme naturel et la Nature, il n'y a qu'à redevenir soi-même et à « conserver en paix l'essence de vie qui est propre à son soi ».

Dans ce domaine de la méditation il ne nous était pas possible de présenter des techniques en ne se fondant que sur des descriptions livresques. Comme dans tous les autres chapitres de cet ouvrage, nous avons tenu à n'avancer que des informations qui correspondent à une pratique personnelle et cette règle s'avère d'autant plus essentielle en ce qui concerne la pratique de la méditation que tous les écrits soulignent l'importance de l'enseignement direct et de la transmission orale. C'est pourquoi on se bornera à ne présenter ici qu'une méditation pratiquée par l'un des auteurs depuis de nombreuses années. Il s'agit de la méditation issue des écoles bouddhiques du chan en Chine et du zen au

1. *Op. cit.*, p. 424.

Japon et diffusée en Europe depuis quinze ans par le maître zen Taisen Deshimaru récemment décédé [1].

Cette technique de méditation provient en fait du bouddhisme indien primitif mais elle a connu un véritable essor en Chine après l'implantation du bouddhisme chan au VIe siècle de notre ère. Par la suite le chan a été influencé par le taoïsme puis s'est diffusé vers le Japon où les écoles du zen se sont épanouies à partir du XIIIe siècle en influençant grandement toute la civilisation japonaise (et notamment les arts martiaux). Cette méditation, que l'on appellera ici zazen d'après le nom qui lui est donné au Japon, représente donc la quintessence des techniques utilisées tant dans le yoga indien, le taoïsme chinois et le bouddhisme en général.

Le zazen offre aussi l'avantage de n'utiliser qu'une seule posture du corps, qu'un seul type de respiration et qu'une seule attitude de l'esprit, chacun de ces aspects représentant l'expression la plus évoluée dans son domaine.

Description du zazen

La pratique du zazen nécessite un coussin rond (le zafu) sur lequel on s'assied. On croise les jambes en lotus (chaque pied reposant sur la cuisse opposée) ou en demi-lotus (un seul pied sur la cuisse opposée, l'autre reposant sur le sol). Si l'on rencontre une impossibilité, il convient de croiser les jambes de telle sorte que les genoux puissent appuyer fortement sur le sol.

Le bassin doit être basculé vers l'avant, ce que

1. Pour une approche du zen, voir T. DESHIMARU, *La Pratique du zen*, Albin Michel. Voir aussi *Le Bol et le Bâton, 120 contes zen*, éd. Cesare Rancilio.

permet le fait d'être assis bien au centre du coussin, et la colonne vertébrale se redresse naturellement à partir de la cinquième vertèbre lombaire. Le dos est droit, le menton rentré et la nuque tendue. On doit avoir l'impression de pousser la terre avec les genoux et le ciel avec la tête.

Cette posture forte et vigoureuse s'accompagne d'une détente des muscles du ventre permettant, comme nous le verrons plus loin, d'adopter la respiration appropriée. Il faut veiller à ne pencher ni vers la droite, ni vers la gauche, ni vers l'avant, ni vers l'arrière, le nez et le nombril doivent être sur une même ligne verticale, les oreilles et les épaules sur un même plan vertical.

On pose alors la main gauche dans la main droite, paumes vers le ciel, le rebord des mains contre l'abdomen. Les pouces, en contact par leur extrémité, sont maintenus horizontaux par une légère tension ; ils ne dessinent ni vallée ni montagne. Les épaules tombent naturellement, comme effacées et rejetées en arrière. La pointe de la langue touche le palais au-dessus des dents. Le regard se pose de lui-même à environ un mètre de distance. Il est en fait porté vers l'intérieur. Les yeux, mi-clos, ne regardent rien — même si, intuitivement, on voit tout.

La respiration est du même type que celle que nous avons décrite dans le chapitre de cet ouvrage qui lui est consacré. On se concentre sur une expiration douce, longue et profonde, qui provoque une poussée vers le bas, dans la partie du ventre situé sous le nombril (le champ de cinabre). L'inspiration se fait naturellement à la fin de l'expiration.

De même que la respiration juste ne peut surgir que

d'une posture correcte, l'attitude de l'esprit découle naturellement d'une profonde concentration sur la posture physique et la respiration. Contrairement aux méditations qui privilégient une concentration de l'esprit sur des images mentales préétablies, pendant zazen on laisse les images, les pensées, les formations mentales surgissant de l'inconscient, passer comme des nuages dans le ciel — sans s'y opposer, sans s'y accrocher.

En fait le cortex se met au repos tandis que le cerveau primitif, oublié dans la vie quotidienne, se réveille. Inconsciemment, on pense avec le corps et, comme des ombres devant un miroir, les émanations du subconscient passent, repassent et s'évanouissent. On arrive alors, tout en étant pleinement éveillé, à l'inconscient profond, au-delà de toute pensée (hishiryo), qui est le secret du zazen.

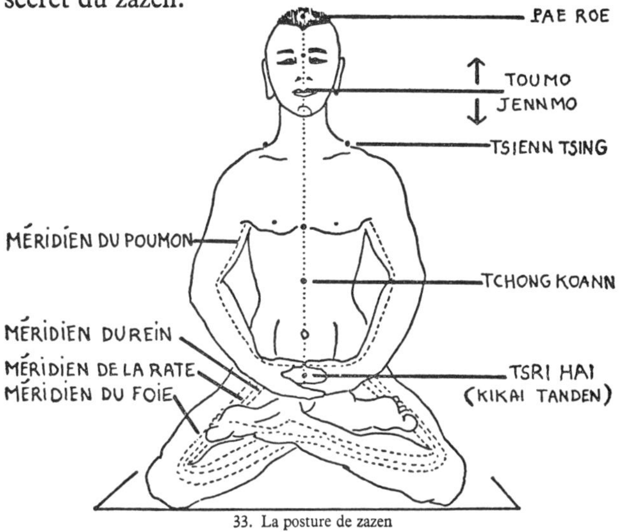

33. La posture de zazen

Le zazen et la circulation de l'énergie

La posture de zazen est essentiellement un tout qui permet, lorsqu'elle est pratiquée de façon correcte, de régulariser naturellement la circulation des énergies internes et de s'harmoniser avec les énergies externes. Néanmoins, cette régularisation et cette harmonisation s'opèrent à tous les niveaux à la fois (posture, respiration, attitude de l'esprit) et d'une manière spécifique pour chaque individu. On ne peut donc que souligner certains points généraux, et laisser à chacun le soin de certifier subjectivement les effets du zazen par rapport à sa propre entité énergétique[1].

• Le zazen favorise l'équilibre des deux méridiens Tou Mo (vaisseau gouverneur) et Jenn Mo (vaisseau conception) qui marquent la ligne médiane du corps. L'un contrôle les fonctions d'intégration supérieure, l'autre les fonctions végétatives. Ils sont en équilibre parfait par la posture de zazen : le Tou Mo, à l'arrière, Yang, tendu, le Jenn Mo, à l'avant, Yin, ouvert, plus relâché.

• Les méridiens principaux ont une disposition très différente dans le zazen que dans les postures de la vie courante : elle permet un échange interne maximal, et des échanges externes limités. Les extrémités sont fermées, rapprochées du centre vital de l'organisme, le centre de gravité du corps sous le nombril, siège de Yuen Tchi.

Les mains se joignant, les pouces sont face à face et,

1. Les paragraphes qui suivent se réfèrent à un article du Dr Évelyne Holzapfel, « Zazen et acupuncture », paru dans le bulletin n° 25 de l'Association Zen d'Europe (1978).

par leur intermédiaire, les deux branches du méridien du poumon, qui gouverne l'énergie, se rejoignent.

La position des membres inférieurs étire les méridiens Yang à l'extérieur, et comprime les méridiens Yin à la racine des cuisses.

C'est aux extrémités que se font les échanges Yin/Yang. Dans le corps en action, ces échanges se font de manière centrifuge, pendant le zazen ils se font de manière centripète : c'est le retour à la source.

Les points qui travaillent le plus dans les membres sont ceux situés entre les pieds et les genoux, notamment ces points qui, au nombre de cinq par méridien, sont en relation avec les cinq éléments et avec les rythmes biologiques qui animent le cosmos (voir p. 65, 66). De plus, des méridiens secondaires partent des points du genou, particulièrement sollicités pendant le zazen, et pénètrent en profondeur directement vers les organes internes.

- La respiration, en insistant sur l'expiration profonde, stimule le centre vital de l'énergie du corps situé sous le nombril qui, par ailleurs, se trouve « ouvert » grâce à la posture du corps (bassin basculé vers l'avant, jambes croisées). Il n'est pas besoin de revenir sur les effets bénéfiques de ce type de respiration qui ont été analysés plus haut. Notons simplement que la respiration exerce aussi un message puissant des intestins, qui constitue la plus grande source de déséquilibre énergétique, et qu'elle stimule la circulation sanguine.
- Le diaphragme, libre pendant l'expiration, ouvre le point « Tchong Koann », « barrière du milieu », situé à quatre distances de l'ombilic et à trois distances de la base du sternum. Ce point commande le foyer moyen.
- Le dos, habitué à être courbé dans la vie quoti-

dienne, est redressé pendant zazen. Souvent des tensions apparaissent. On retrouve les étages des différents organes selon les points de la deuxième chaîne du méridien de la vessie, le long de la colonne vertébrale, à deux pouces de part et d'autre. Dans chaque espace intervertébral, se trouve un point qui contrôle un organe ou un viscère déterminé. Les tensions et les faiblesses de la posture sont le reflet du fonctionnement des organes internes ; le travail de la posture influence les fonctions profondes.

- La tête droite, nuque tendue, est la seule position qui permette de dégager le trou occipital. Cela ouvre la communication des méridiens de la tête au reste du corps et inversement. Or la tête a une situation énergétique privilégiée : les méridiens Yang uniquement arrivent à la tête ou en partent ; le Yin arrive par des branches secondaires particulières. A la base du crâne existent des points très importants, « fenêtre du ciel », dont la stimulation améliore la communication tête-corps, la relation fonctions centrales-fonctions vitales. Ces points sont très souvent bloqués dans de nombreuses maladies, surtout dans les désordres psychosomatiques.
- Le sommet du crâne, où se trouve un point capital (Pae Roe) pour toute l'activité cérébrale et psychique, le contrôle de l'énergie Yang, se trouve aligné avec le Kikaï. Tandem qui contrôle le foyer inférieur et donc l'énergie vitale.

Le miroir de zazen

Les paragraphes qui précèdent ont montré l'importance de la posture du corps et de la respiration pendant le zazen quant à la stimulation et la régulation de la circulation énergétique dans l'organisme. Plus encore qu'au niveau de cette stimulation directe du système énergétique, l'apport essentiel du zazen se situe au niveau de la prise de conscience de soi-même qu'il provoque.

Ainsi, le fait même de s'asseoir en essayant de prendre une posture correcte révèle à chacun toutes les tensions et tous les blocages qui emplissent notre corps. Chaque tension et chaque blocage est le symptôme d'un dérèglement énergétique de l'entité corps-esprit. Et la prise de conscience s'effectue en même temps que se rétablit l'équilibre naturel. De plus, la posture évolue comme évoluent les énergies internes et externes ; la pratique régulière permet ainsi de s'adapter inconsciemment à notre environnement et de déceler les dérèglements organiques importants dont les symptômes persistent afin de les soigner par une intervention médicale appropriée (il est évident que le rééquilibrage énergétique provoqué par le zazen ne saurait se substituer à une intervention extérieure en cas de dérèglements graves).

Le phénomène d'observation qui se produit pendant zazen ne concerne pas que le corps mais aussi l'esprit. En regardant nos propres pensées surgir du subconscient, on peut alors mieux connaître nos tendances psychiques auxquelles nous sommes constamment soumis pendant la vie courante sans que, généralement, nous nous en rendions compte. Le même phénomène que par rapport aux tensions du corps — prise de conscience, apaisement — se produit alors vis-à-vis de ces tendances psychiques (les deux étant par ailleurs en totale interdépendance). En outre, l'apparition de certaines sensations, notamment la vision de couleurs spécifiques, permet, par l'intermédiaire de la théorie des cinq éléments, de détecter des faiblesses énergétiques.

La pratique de zazen apparaît ainsi comme un miroir où se reflète l'entité corps-esprit. Réflexion qui se produit inconsciemment et qui laisse le corps-esprit s'harmoniser naturellement avec les énergies du ciel et de la terre ; « les genoux poussant sur la terre et la tête poussant le ciel » symbolisant parfaitement la triade terre-homme-ciel.

A ce moment-là seulement, dans l'immobilité parfaite du corps et de l'esprit, on peut réaliser que la source de notre être est unité avec le cosmos entier. « Etudier son corps et son esprit, c'est oublier son corps et son esprit ; oublier son corps et son esprit, c'est être certifié par toutes les existences », disait le maître Dogen. Et, en vérité, dans la profonde concentration du zazen, dans l'harmonie du souffle originel, on peut abandonner toute chose. Ainsi se réalise le Tao des taoïstes, la Voie des bouddhistes, unité avec la conscience cosmique.

Annexe

Les origines du karaté-do

par Pierre Portocarrero

Nous nous proposons, dans cette annexe, d'apporter quelques éléments de réflexion sur les origines du karaté-do, sous forme d'une présentation des données historiques et des caractéristiques techniques concernant les anciens styles de l'archipel des Ryû-Kyû. Il est à noter que, si l'ignorance du public considéré comme averti est considérable en matière de boxe chinoise, elle l'est au moins autant en ce qui concerne l'origine de l'Okinawa-te. En effet, la période qui s'étend du début de ce siècle à nos jours est relativement bien connue et, même si de nombreuses erreurs grossières traînent dans de multiples ouvrages, il en est d'autres fort bien documentés. Il en est ainsi de l'étape de l'introduction de l'Okinawa-te au Japon, depuis la venue de Gichin Funakoshi, suivi de Chojun Miyagi et Kenwa Mabuni, qui marque l'élaboration des styles modernes Shotokan, Goju-Ryu, Shito-Ryu dans les années 1920 à 1930. Cette étape fut suivie de près par le Wado-Ryu créé par Hironori Otsuka, alors expert confirmé de ju-jitsu et élève japonais de Funakoshi, puis par l'éclatement en une myriade de styles et d'écoles (la création de la compétition sportive intervenant après la Seconde Guerre mondiale).

Par contre, avant la fin du XIXe siècle, l'absence de documents écrits et la situation de carrefour commercial et stratégique de l'archipel des Ryû-Kyû qui le soumit, au cours des siècles, à de multiples influences culturelles, politiques et économiques, ne facilitent guère les recherches. Il y est néanmoins plus facile de retrouver les différentes écoles qu'en Chine où les multiples réalités ethnologiques, linguistiques, géographiques ont suscité la création d'un grand nombre de styles. L'archipel des Ryû-Kyû, au contraire, est minuscule et Okinawa, l'île la plus importante, ne mesure pas plus de 120 km de long pour une largeur variant de 5 à 20 km. Au cours des siècles, il y a eu une focalisation des apports techniques venus de Chine et nous trouvons à Okinawa deux groupes bien distincts d'écoles dont les caractéristiques fondamentales sont aussi marquées que celles des styles du Nord et des styles du Sud chinois.

Nous allons maintenant essayer de tracer une généalogie des experts et des styles aussi complète que possible, avec les principales références historiques, puis nous donnerons les principales caractéristiques techniques des différents styles et leur origine chinoise quand il y a lieu (voir tableau ci-contre).

La succession des maîtres

Sakugawa est le premier nom retenu de façon certaine dans d'anciens documents. Il s'agit d'un habitant de Shuri (Okinawa) originaire du bourg d'Akata, qui fit de nombreux séjours en Chine où il étudia diverses écoles chinoises qu'il adjoignit aux techniques locales qu'il connaissait. A son retour, il enseigna ces techniques qui ont été retenues sous le nom de karaté Sakugawa. Sakugawa meurt en 1735.

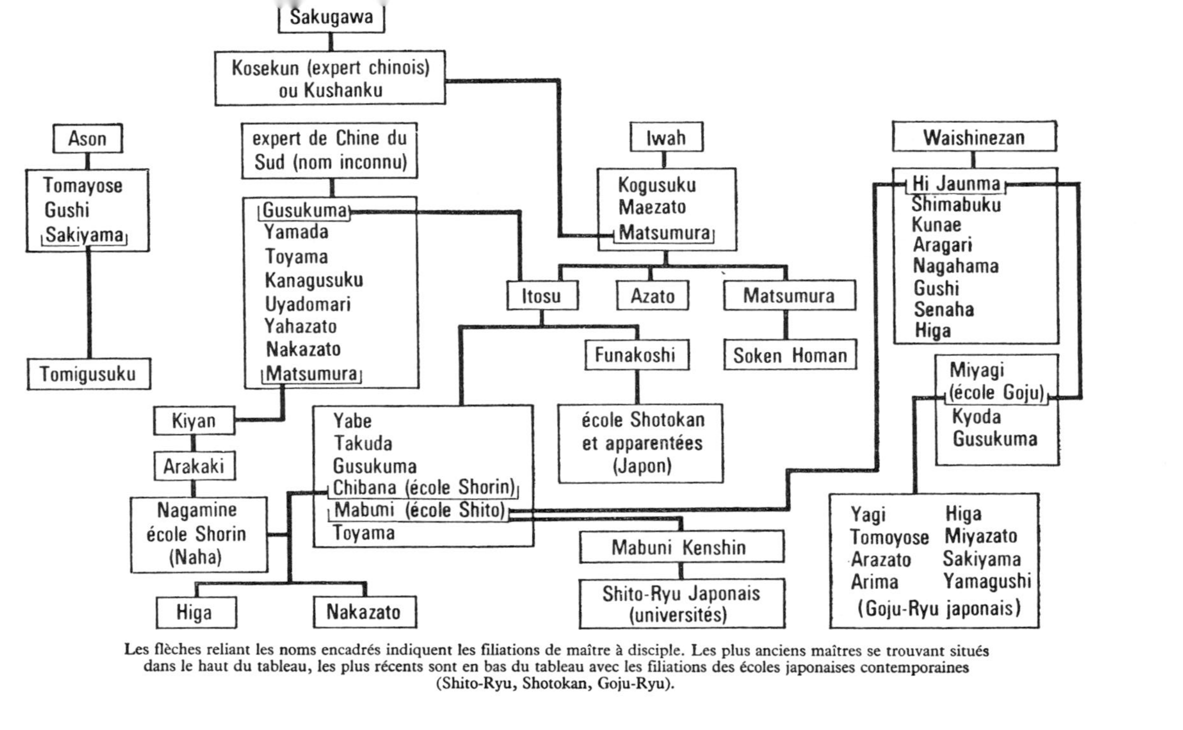

Les flèches reliant les noms encadrés indiquent les filiations de maître à disciple. Les plus anciens maîtres se trouvant situés dans le haut du tableau, les plus récents sont en bas du tableau avec les filiations des écoles japonaises contemporaines (Shito-Ryu, Shotokan, Goju-Ryu).

Notons que, depuis cinq siècles, des échanges commerciaux et diplomatiques ont lieu entre la Chine et le royaume des Ryû-Kyû. A cette époque les styles chinois, notamment du Sud, ont pénétré largement l'archipel, du fait de la domination chinoise établie au XVe siècle, sous la dynastie Ming, par Hasshi, de la dynastie Sho, originaire de la province de Chuzan. L'interdiction du port d'arme à cette époque verra l'apparition des ko-budo avec l'emploi d'instruments agraires (tonfa, nunchaku, etc.) et le développement des entraînements durs. Le passage régulier d'émissaires, attachés militaires et émigrants, accentue l'apport et le brassage des techniques chinoises, connues alors sous le terme général de *Tode* (de *to* qui désigne tout ce qui vient de Chine et le pays lui-même, et *te :* technique en okinawaïen).

Cependant, c'est en 1609, avec l'invasion brutale de l'archipel et l'écrasement de la dynastie Sho par Shimazu, du clan Satsuma (île de Kyushu, Japon), qui instaure sur les Ryû-Kyû une véritable dictature militaire, que les techniques les plus dures vont se développer. Les entraînements vont viser le maximum d'efficacité meurtrière et se dérouler dans le plus profond secret. L'origine des sensations particulières de certains katas remonte à cette période, notamment « Koshiki Naifanchi », qui se pratiquait souvent la nuit, sur des rochers couverts d'algues, en bord de mer, afin de ne pas être vu des samouraïs japonais.

Il semble toutefois que durant toute cette longue période, les Okinawaïens se contentent de travailler les formes chinoises déjà longuement éprouvées et élaborées, avec parfois l'apport de conceptions locales, mais sans encore forger vraiment d'écoles originales au vrai sens du terme, sauf peut-être au niveau de petits groupes. Il faut, semble-t-il, attendre Sakugawa d'Akata (cité plus haut) pour voir apparaître un enseignement vraiment original prodigué par un Okinawaïen de souche.

A partir de là, et tout au long du XVIIIe siècle, vont se développer les grandes tendances des écoles okinawaïennes. Essentiellement, elles sont au nombre de trois : Shuri-te, Tomari-te et Naha-te, du nom des agglomérations où ces écoles ont pris naissance (shuri-te = technique ou main de Shuri).

Ason, attaché militaire, aura pour élèves Sakiyama, Gushi et Tomayose, tous trois de Naha. Iwah, autre attaché militaire, enseignera à Matsumura de Shuri, ainsi qu'à Maesato et Kogusoku de Kume. Matsumura suivra de même l'enseignement de Kushanku, expert chinois décédé en 1790, dont l'essentiel de l'enseignement demeure sous la forme du kata qui porte son nom. Waishingzan, enseignera à Shimabuku de Uemonden (village des régions montagneuses d'Okinawa) et Higa, Senaha, Gushi, Nagahama, Aragaki, Kunae et Hijaunna de Kunonboya (faubourg de Naha).

Paradoxalement, c'est Kanryo Hijaunna qui donnera ses lettres de noblesse au Naha-te, alors que la branche créée par Ason s'éteindra avec Tomigusuku, élève de Sakiyama. Enfin, un expert de Chine du Sud, dont le nom demeure inconnu, eut pour élèves Gusukuma, Kanagusuku, Matsumura, Uyadomari, Nakazato, Yamada, Yahazato et Toyama, tous de Tomari. Cet expert, fuyant la Chine, dériva en barque jusqu'à Okinawa où il trouva refuge.

Le reste de la généalogie est suffisamment clair pour se passer de commentaires ; notons tout de même que

Itosu et Azato, élèves de Matsumura (Shuri-te), enseignèrent tous deux leur art à Gichin Funakoshi, né à Shuri en 1868. Itosu bénéficia également de l'enseignement de Gusukuma (Tomari-te). Kenwa Mabuni, autre élève d'Ankoh Itosu, créateur des Pinan-no-kata, travailla également avec Kanryo Hijaunna (Naha-te). De la synthèse de ces deux enseignements naquit le style moderne Shito-ryu, maintenant très répandu au Japon.

Chojun Miyagi, né en 1888, principal élève de Hijaunna, créa le style Goju-ryu peu après la mort de son maître en 1915. Il implanta ce style au Japon définitivement en 1928. Son élève Yamaguchi est actuellement à la tête du Goju japonais. A Okinawa, Metoku Yagi et Eiichi Miyazato, condisciples de Yamaguchi, refusent l'évolution japonaise moderne et transmettent en fait l'ancien Naha-te. Soshin Nagamine, né en 1906, héritier en droite ligne du Tomari-te, travailla également le Shuri-te avec Soshin Chibana, élève d'Ankoh Itosu. A l'heure actuelle il enseigne toujours son art à Naha.

Les différents styles

• *Naha-te*

C'est le style dit « dur », quoique certains de ses katas soient très coulés, ronds et apparemment peu puissants (Saifa par exemple). Postures stables et puissantes (Sanchin-dachi et tous ses dérivés), mais également très mobiles et souples (Neko-ashi-dachi). Coups de pied aux niveaux bas et moyen, jamais sautés ; techniques de mains originaires pour certaines de Tang-Lang du Sud (la mante religieuse), blocages circulaires (mawashi-shuto-uke), techniques de mains collantes très proches du Wing-tseun, travail des paumes. Travail de respiration ventrale sonore (Ibuki et Nogare), permettant l'absorption de chocs violents et la tonification du corps. Apport évident du yoga. Katas d'une richesse inouïe (certains originaires de la branche éteinte développée par Ason) : Sanchin, Saifa, Seishan, Saipa, Shisochin, Sanseru, Suparipa, etc.

• *Shuri-te*

Style plus apparenté au nord de la Chine alors que le Naha-te est typiquement originaire des styles du Sud. Un de ses principaux maîtres fut Matsumura qui introduisit le kata bassaï dans la pratique.

Techniques imitées des animaux (grue notamment), plus grande place aux techniques de pieds, même sautées, important travail d'esquives, mouvements d'enroulement et d'absorption issus du Hsing-i. Sensations plus longues et légères qu'en Naha-te. Peu de katas, mais riches et complexes : Kushanku, Chinto, Wanshu, Bassaï, etc.

• *Tomari-te*

Il se différencie du précédent surtout par ses conceptions en matière d'applications des techniques : blocages travaillés au niveau « jodan », absorptions plus poussées avec étude de la récupération de force dans les déséquilibres, mouvements d'attaques avec esquive du corps et important fouetté des hanches. Sinon l'apparence extérieure est très semblable au Shuri-te. Notons également un travail de renversements, clés et projections très développé, katas, ni-sei-shi, sochin et unsu.

Les principales écoles d'Okinawa de nos jours :

Okinawa ken kai (Yagi)
Okinawa Goju Ryu karate-do Kyokai (Miyazato)
Okinawa karate-do Renmei (Nagamine)
Kobayashi Ryu karate-do Kyokai (Tomokan)
Uechi Ryu karate-do Kyokai (Uechi)
Okinawa Kempo Renmei (Hira)
Nansei Shoto Ko Budo Kyokai (Taira et Nakamura)

Sources

Gichin Funakoshi, *Karate-do kyohan,* réédité en 1972 par les soins de Tsumotu Oshima, un de ses derniers élèves directs, Édit. Kodansha International, France-Shotokan pour la traduction française.

Tadahiko Otsuka, *Koshiki Okinawa karate-do shin no waza* (Esprit et techniques du vieux karaté-do d'Okinawa), 4 volumes, édition privée, Tokyo.

Divers documents fournis par maître Ogura, dont les notes personnelles de Kenwa Mabuni, archives du Gembukan.

Table

PREMIÈRE PARTIE

Les manifestations de l'énergie

DEUXIÈME PARTIE

L'art de vivre

ANNEXE

Les origines du karaté-do par Pierre Portocarrero

« *Espaces libres* »
au format de poche

DERNIERS PARUS

30. *Prophètes d'hier et d'aujourd'hui*, de Rachel et Jean-Pierre CARTIER.
31. *Merlin l'Enchanteur*, de Jean MARKALE.
32. *L'Art de la concentration*, de Pierre FEUGA.
33. *Contes de la mort*, de Jean MARKALE.
34. *Le Destin du Monde d'après la tradition shivaïte*, d'Alain DANIÉLOU.
35. *Le Christ hébreu*, de Claude TRESMONTANT.
36. *La Femme dans les contes de fées*, de Marie-Louise von FRANZ.
37. *Mélusine ou l'androgyne*, de Jean MARKALE.
38. *La Tentation des Indes*, d'Olivier GERMAIN-THOMAS.
39. *Méditer et agir*, colloques de la Sainte-Baume.
40. *Jésus raconté par le Juif Errant*, d'Edmond FLEG.
41. *Le Zen en chair et en os*, de Paul REPS.
42. *La Clarté intérieure*, de Marc de SMEDT.
43. *L'Absurde et la Grâce*, de Jean-Yves LELOUP.
44. *Voyages et aventures de l'esprit*, d'Alexandra DAVID-NÉEL.
45. *La Nuit privée d'étoiles*, de Thomas MERTON.
46. *Confidences impersonnelles*, d'Arnaud DESJARDINS.
47. *Méditation zen et prière chrétienne*, de H. M. ENOMIYA LASSALLE.
48. *Tristan et Iseut*, de Michel CAZENAVE.
49. *L'Homme aux prises avec l'inconscient*, d'Elie G. HUMBERT.
50. *La Psychologie de la divination*, de M.-L. von FRANZ.
51. *La Synchronicité, l'âme et la science*, ouvrage collectif.
52. *Islam, l'autre visage*, d'Eva de VITRAY-MEYEROVITCH.
53. *La Chronobiologie chinoise*, de Pierre CRÉPON et Gabriel FAUBERT.
54. *Sentences et proverbes de la sagesse chinoise*, choisis et adaptés par Bernard DUCOURANT.
55. *Vivre, paroles pour une éthique du temps présent*, d'Albert SCHWEITZER.

*La reproduction photomécanique de ce livre
a été réalisée par l'Imprimerie BUSSIÈRE,
l'impression et le brochage ont été effectués
sur presse CAMERON dans les ateliers de B.C.I.,
à Saint-Amand-Montrond (Cher),
pour le compte des Éditions Albin Michel.*

*Achevé d'imprimer en février 1995.
N° d'édition : 14136. N° d'impression : 1/125.
Dépôt légal : février 1995.*